reinhardt

Sherin Hafner

LEBEN PASSIERT

Grosse Sorgen und wie Prominente damit umgehen

Friedrich Reinhardt Verlag

Projektleitung: Beatrice Rubin
Gestaltung: Bernadette Leus, www.leus.ch
Fotos: Amanda Nikolic, www.amandanikolic.ch
ISBN 978-3-7245-2086-3

www.reinhardt.ch

INTRO 6

ESSSTÖRUNG 8
Patricia Schmid über die Leere, die man mit Essen nicht füllen kann 13

STRESS 18
Stress über Stress 23

MOBBING 29
Bianca Keyman Gubser musste erleben, wie grausam Kinder sein können 33

SHOPAHOLISMUS 40
Ezgi Cinar: Wenn Einkaufen zur Sucht wird 45

MIGRÄNE 51
Christina Surer hat sich mit der Migräne arrangiert 55

KIND MIT LIPPEN-KIEFER-GAUMEN-SPALTE 61
Sarina Arnold: ihr Leben als Mama 65

GELDSORGEN 70
Julian Zigerli stemmt sein Label und Leben ohne finanzielle Sicherheit 73

UNERFÜLLTER KINDERWUNSCH 80
Olivia Fischer kam auf Umwegen zum Wunschkind 85

NEUBEGINN BEI NULL 91
Sarah Meier musste sich nach der grossen Karriere neu finden 95

STALKING 100
Daniel Gygax: Der Fussballer wurde schon mehrmals Opfer eines Stalkers 103

ALLEINERZIEHENDE MUTTER 109
Stéphanie Berger über Freud und Leid als Mutter ohne Mann 113

TOD EINES NAHEN MENSCHEN 118
Sanja Ivisic verlor ihren Vater und folgte danach dem Weg ihres Herzens 121

TRENNUNG 128
Antoine Konrad: Scheiden tut weh 133

AUTORIN 139

INTRO

Das erste Mal, dass ich einen Mann zum Weinen brachte, war rein beruflich und in keinster Weise beabsichtigt. Aber die Tränen, die der Künstler Julian Schnabel – ein Berg von einem Mann, von Erfolg verwöhnt und von den Frauen geliebt – während unseres Interviews vergoss, sind in mein Herz gesickert. Sie haben eine Spur ausgehöhlt, die meiner Laufbahn als People-Journalistin die Richtung gegeben hat. Ich traf den New Yorker Maler 2004 als Volontärin beim grössten Boulevardmagazin Deutschlands. Bis anhin hatte ich gedacht, die Welt der Promis bestehe aus dem schönen Schein, und wir trügen unseren Teil dazu bei, sie auf Hochglanz zu polieren. Doch schon damals fehlte mir etwas, wenn der Blick nicht tiefer ging. Auf die Frage nach seinen Kritikern antwortete Julian Schnabel, dass sein Vater sein grösster Bewunderer und zugleich härtester Kritiker gewesen sei. Er war kurz zuvor verstorben, und der Sohn liess seiner Trauer freien Lauf. Auch diese starken Gefühle, diese Verletzlichkeit waren es, die ich nicht vergessen werde. Was der damals 52-Jährige noch sagte: «Ich weiss, das Leben geht weiter. Er wird mich begleiten und sich über mein reichhaltiges Leben freuen, das ich mit wunderbaren Frauen, Kindern und dem füllen kann, was mich bewegt, meiner Kunst.» Er verarbeitete den Tod des Vaters in seinem Œuvre und fand gerade in seinem filmischen Schaffen («Le scaphandre et le papillon») ein Ventil, damit umzugehen.

Mehr als eine Dekade später habe ich unzählige prominente Persönlichkeiten getroffen. Bei jedem einzelnen Gespräch wollte ich zum Kern vordringen: Was macht den Menschen hinter dem klingenden Namen aus? Oft sind sie einen Tick schöner, reicher, intelligenter, talentierter, fleissiger, ehrgeiziger als Leute fernab des Rampenlichts. Ja, ihr Leben wirkt wie mit Zuckerguss überzogen. Aber es sind die Krisen, die diese Stars greifbar machen. So wie ihre Erfolge öffentlich bejubelt werden, werden schwere Zeiten auf Schritt und Tritt von Fremden beobachtet und kommentiert. Von dieser Realität erzählen die Geschichten in diesem Buch. Die Basis waren die grossen Sorgen der Schweizer, die jährlich etwa im Sorgenbarometer der Credit Suisse erhoben werden: der Verlust eines nahen Menschen, das Beziehungs-Aus, Stress, ein Neubeginn bei null, eine Essstörung oder der lange unerfüllte Kinderwunsch. Was beschäftigt uns alle und erschüttert manchmal das Fundament, sodass wir straucheln und uns erst wieder fangen müssen? Und, was hilft uns in der Krise? Sicher auch das Gefühl, mit dem Schicksal nicht allein zu sein. Andere waren in einer ähnlichen Situation und haben sie auf ihre Art gemeistert. Die positiven Beispiele ermöglichen es den Betroffenen, eine neue Perspektive zu generieren, nämlich die Zukunft zu fokussieren. Zuversicht ist es, was ich und alle, die in dem Buch vorkommen, vermitteln wollen. Die Schilderungen sollen Mut machen, und setzen den eigenen voraus. Denn es braucht Courage, um einzugestehen, dass man ein Problem hat. Das ist der Anfang der Lösung und der erste Schritt auf dem individuellen Weg, den die Protagonisten gegangen sind. Er ist einer der möglichen ... Für diesen Mut danke ich jenen, die sich mir hier anvertraut haben.

Leben passiert. Man lernt, damit umzugehen.

Sherin Hafner

ESSSTÖRUNG

Nimm mich, flüstert es ihr zu. Nimm mich. Und schwupps, landet das Truffe in ihrem Mund. Die zarte Schokolade zergeht ihr förmlich auf der Zunge. Doch geniessen tut sie die Gaumenfreude nicht. Eine Praline nach der anderen stopft sie rein. Kaum ist die Schachtel leer, reisst sie die Packung Chips auf und schaufelt Hand für Hand nach. Bis nichts mehr da ist, dauert es nur wenige Minuten. Das Zeitgefühl ist ihr ohnehin abhandengekommen. Hauptsache, dieses Verlangen, diesen grossen Hunger irgendwie stillen. Auf die Chips folgen eine Pizza-Ecke und zwei Stück Cheesecake, der Rest vom Besuch einer Kollegin. Dann eine Banane und eine Dose Erdnüsse. Das Birchermüesli ist schnell vertilgt. Vielleicht noch ein Butterbrot? Ihr wird schlecht. Der Magen ist voll. Doch sie fühlt sich immer noch leer.

Binge Eating bedeutet so viel wie Essgelage und gehört zu den am weitesten verbreiteten Essstörungen. Es wird auch als emotionales Essen bezeichnet. Charakteristisch dafür ist, dass man während eines Anfalls eine Unmenge isst – mehr, als es die meisten Menschen in einem ähnlichen Zeitraum und unter ähnlichen Umständen tun würden –, viel schneller als gewöhnlich, so lange, bis man wortwörtlich nicht mehr kann. In der Regel ist man gar nicht wirklich hungrig. Es sind andere Gefühle, die den Exzess auslösen: Oft fühlt man sich traurig, einsam, besonders glücklich, gestresst, verzweifelt. Solche Attacken laufen gewöhnlich unter Ausschluss der Öffentlichkeit ab – es passiert heimlich, weil sich die meisten wegen der grossen Menge und Geschwindigkeit schämen. Danach fühlen sie sich mitnichten besser, sondern, im Gegenteil, schuldig und deprimiert. Es widert sie an, und sie ekeln sich sogar vor sich selbst.

Die meisten von uns schlagen ab und zu über die Stränge, und manchmal verfluchen wir nach einem Znacht das zweite Wiener Schnitzel oder das Tiramisu nach zwei Tellern Spaghetti carbonara, die uns nicht schlafen lassen. Sie liegen schwer im Magen. Und belasten wahrscheinlich zusätzlich das Gemüt, weil wir wissen, wir haben dem Körper damit nichts Gutes getan. Deswegen braucht man sich keine Sorgen zu machen. Am nächsten Tag gleichen wir die kleine Sünde allenfalls mit ein bisschen mehr Achtsamkeit aus: Zum Lunch gibts Salat, am Abend Poulet mit Gemüse – und alles ist wieder im Lot. Emotionale Esser erleben im Durchschnitt zwei Tage die Woche Episoden, wo sie die Kontrolle übers Essen verlieren. Für viele Betroffene (etwa 60 Prozent sind Frauen) ist es auch zwischen den Anfällen ein grosses Thema. Häufig ernähren sie sich sonst sehr strikt. Nach einer kulinarischen Ausschweifung bestrafen sie sich mit gar keiner Nahrung, beziehungsweise versuchen so, das Übermass zu kompensieren. Damit sie nicht zunehmen, treiben viele intensiv Sport. Da kein Lebensmittel auch nicht en masse sie befriedigen kann, wird vielen Essgestörten bald klar, dass es um etwas anderes gehen muss als Hunger. Die Gelage erfüllen eine emotionale Funktion als Stimmungsaufheller oder kurzfristiger Spannungsabbau.

Auf Englisch gibt es den schönen Begriff Soulfood, Nahrung für die Seele. Das ist Kost wie Makkaroni mit Käse, Ghackets mit Hörnli und Apfelmus oder Kartoffelbrei, die eher nicht die Ansprüche einer Sterneküche erfüllt, aber bodenständig ist. Meist erinnert sie uns an etwas aus der Kindheit, wonach wir uns (unbewusst) zurücksehnen. Dieses assoziative Verlangen nach Speisen, die eine tiefe Verbindung zu unserer Vergangenheit haben, tritt oft in einem bestimmten Kontext auf. Wenn wir daheim auf Besuch sind, freuen wir uns auf einmal auf Mamas Knödel. Oder wir haben Heisshunger auf Nüdeli mit Butter, obwohl die seit Jahren nicht mehr auf unserem Speiseplan stehen. Vielleicht entsteht der Gusto nach einer Kombination, die uns seltsam erscheinen mag und bei der wir uns nicht erklären können, warum es gerade ein Käsebrot mit Marmelade sein muss, bis die Oma erzählt, dass das der Opa gern zum Frühstück hatte.

Würden wir gerade auch bei der Ernährung unseren Instinkten vertrauen, wäre alles in Balance. Warum leitet uns der Instinkt dann oft zu Junkfood, Frittiertem oder Süssigkeiten anstatt zu gedünstetem Tofu mit gedämpftem Brokkoli? Weil sie eine Sofortwirkung haben auf unsere Laune und Nerven. Schokolade, Zucker oder Kohlenhydrate lassen den Serotoninspiegel in die Höhe schiessen. Dabei werden

Endorphine ausgeschüttet, die glücklich, zufrieden, ruhig, ja high machen, ähnlich wie bei exzessivem Sport oder dem Verliebtsein. Das Leben an sich ist ein einziges grosses Verlangen nach Bedeutung, Sinn, Liebe, der Erfüllung unserer Träume, Sex, Nähe, Zuneigung … Durch das Essen meinen wir, das Leben voll auszukosten. Vor allem Zucker und Fett gaukeln uns Geborgenheit und Liebe vor. Und wir lassen uns nur allzu gern verführen. Kurzfristig mögen sie sogar befriedigen, aber man erkennt ziemlich rasch, dass sie nicht guttun. Nach dem Verzehr fühlt man sich träge, müde, hat vielleicht sogar Bauch- oder Kopfweh. Der langfristige Effekt zeigt die negative Wirkung umso deutlicher: Man braucht nur in den Spiegel zu schauen.

Menschen, die an Esssucht leiden, tun sich durchwegs schwer, ihre Gefühle zu zeigen. Ausserdem mangelt es ihnen an der Fähigkeit, mit belastenden Situationen umzugehen. Ärger, Wut, Langeweile, Angst, Frust, Kummer, Stress können einen Anfall auslösen, weil sie kein anderes Mittel parat haben, als zum Kühlschrank zu gehen. Essen soll ihnen das Leben in dem Moment schmackhafter machen. Manche verbieten sich gewisse Lebensmittel. Sie sind mit dem Stigma «böse» belegt, und jemand erlaubt sich, böse zu sein und zu rebellieren, indem er da zugreift. Das betrifft oft Perfektionisten. Ausserdem wissen wir seit unserer Kindheit: Die verbotenen Früchte schmecken am süssesten, sprich, irgendwann kann man sich nicht mehr zurückhalten und haut rein. Personen unter hohem Leistungsdruck finden im hemmungslosen Schlemmen ein Ventil für aufgestaute Emotionen. Auch wer dauernd Diäten macht, ist gefährdet, sich nach der Zeit des Kasteiens gehen zu lassen. Dahinter steckt eine negative Selbstwahrnehmung vor allem in Bezug auf den eigenen Körper; man meint, zu wenig hübsch, gross, schlank, mit zu vielen Problemzonen behaftet zu sein. Darum sollten emotionale Esser als Allererstes ihre Bedürfnisse kennen und sie artikulieren, sodass sie Beachtung finden. Des Weiteren lernen, mit Problemen umzugehen. Wenn die grosse Gier doch kommt, sich ablenken, zum Beispiel mit Lesen, mit jemandem sprechen, sich draussen treffen, Yoga machen, malen, Sport; in einer Verhaltenstherapie erarbeitet man die individuell passenden Möglichkeiten.

Am effektivsten erweist es sich, seinen Geist zu nutzen. Die Technik heisst Disidentifikation. Dabei tritt man mental einen Schritt zurück und nimmt die Perspektive eines Aussenstehenden ein. Man beobachtet aus der Distanz seinen Zustand und registriert die Fakten ohne Wertung. Anstatt «Ich bin gestresst, genervt, traurig, einsam, wütend», sagt die Person sich: «Ich fühle mich gerade gestresst, genervt, usw.» Die Idee dahinter ist, zu erkennen, dass wir nicht definiert sind über unsere Gefühle. Wir haben sie einfach. Sie sind nur ein Teil von uns und machen uns nicht vollständig aus. Ausserdem sind sie flüchtig, sie kommen und gehen wie die Gelüste, die mit ihnen zusammenhängen. Eine andere wirkungsvolle Möglichkeit: die Matrix seines Gehirns zu hacken. Das funktioniert, indem man das aufkeimende Verlangen mental mit den Konsequenzen anstatt mit der Belohnung verknüpft. Hierbei ruft man sich zwei Ziele, die in Konkurrenz zueinander stehen, vors geistige Auge. Ein Beispiel für solch ein Gedankenspiel: «Ich brauche schnell Trost» versus «Ich habe mit meinen Freundinnen zum Ausgang abgemacht, aber nach einer Fressattacke ist mir so schlecht, dass ich nicht mitmag». Wer sich antrainiert, sofort an Letzteres zu denken, widersteht leichter.

Die wichtigste Erkenntnis lautet: Nicht der Körper braucht die Nahrung, sondern die Seele. Und die wird nicht satt von Schokolade, Pizza, Chips und Kuchen.

Patricia Schmid über die Leere, die man mit Essen nicht füllen kann

Ihre Schönheit machte Patricia Schmid zu einem der erfolgreichsten Models der Schweiz – aller Zeiten, international. Entdeckt wurde die Aargauerin gleich von zwei Stars der Branche, Modefotograf Mario Testino und Carine Roitfeld, der damaligen Chefredaktorin der französischen «Vogue». Seit ihrem zwanzigsten Lebensjahr ziert die Frau mit dem Porzellanteint die Titelblätter der Hochglanzmagazine, lief für Häuser wie Dior, Louis Vuitton und Chanel und inspirierte Designer wie Jean Paul Gaultier und John Galliano. Die heute 30-Jährige gilt als Muster für Schweizer Tugenden: Sie ist diszipliniert, höflich, professionell und blieb trotz ihres schnellen Erfolgs bodenständig. Gerade erwartet sie ihr erstes Kind. Was keiner ahnte: Die Beauty war zu ihren besten Zeiten im Job auf dem persönlichen Tiefpunkt.

«Mit zwanzig, einundzwanzig reiste ich viel allein. Ich war damals sehr gefragt, machte Shootings für die ‹Vogue›, ‹Harper's Bazaar›, ‹i-D›, ‹Elle› ... Im Model Business lebt man von Tag zu Tag und trifft täglich neue Leute. Ich war es bis dahin gewohnt, immer mit den gleichen Menschen zusammen zu sein, mit engen Freunden oder der Familie, denen ich alles anvertrauen konnte. Ich fand es schwierig, meine Sorgen mit Fremden zu teilen. Auch wenn wir uns sympathisch waren und sich eine Freundschaft hätte entwickeln können, war es faktisch schwer, in Kontakt zu bleiben», schildert Patricia Schmid. Models sind dauernd am Reisen und haben selten freie Zeit zusammen. Damals hatte sie auch noch kein Skype oder Whatsapp, um sich easy auf dem Laufenden zu halten. Der Ruhm war verführerisch, jedoch: «Das Model-Leben ist oberflächlich. Ich hörte den ganzen Tag schöne Worte, kam abends in ein leeres Apartment oder Hotelzimmer und war einsam», erinnert sich die Beauty. Da hat es angefangen. Plötzlich hatte sie Riesenhunger. «Ich konnte eine, zwei, drei Tafeln Schokolade essen und war immer noch nicht zufrieden. Nichts hat meine Gier gestillt. Am nächsten Tag ging es mir mies, und ich habe den ganzen Tag keinen Bissen gegessen. Ich war total unausgeglichen, alles war ausser Balance. Mit solchen Anfällen und dann wieder ohne Essen macht man sich den Darm und den Hormonhaushalt kaputt. Ich habe meine Periode nicht mehr bekommen, war launisch, fast depressiv. Ich wusste, es stimmt etwas nicht, ahnte aber nicht, dass es eine emotionale Sache ist und gar nichts mit dem Essen zu tun hat. Ich habe mich nur sehr allein gefühlt», so Schmid.

Bei einem Fressanfall stopfte sie ein Müesli, zwei Tafeln Schokolade, ein Brot, eine Pizza, Chips, Glace – alles bunt gemischt – in sich rein. Nach einer halben Stunde wurde ihr schlecht. «Ich bekam Magenschmerzen, konnte mich aber nicht erbrechen – ich habe mich nur zweimal in meinem Leben bei einer Darmgrippe übergeben», sagt sie. Wenn man lange etwas nicht mehr isst, zum Beispiel Käse oder Schokolade, und plötzlich eine Menge davon, bekommt man Durchfall oder Verstopfung. Ihr Darm konnte die Speisen nicht mehr verarbeiten. «Einmal esse ich wie eine Gestörte und am nächsten Tag nichts, da kommt der Darm nicht mehr mit. Ich habe auch aufs Mal viel zu schnell gegessen. Mir ging es schlechter und schlechter, auch weil ich realisierte: ‹Scheisse, habe ich viel gegessen!›» Den Zustand beschreibt Patricia Schmid als einer Trance ähnlich; in dem Moment nähme man weder sich selbst noch sein Umfeld wahr. Das Essen sei wie eine Droge, mit der man sich betäubt. Wenn nichts im Haus war, ging sie und kaufte Lebensmittel. Solch eine Gier, ein Craving, wie es in der Fachsprache heisst, geht nicht vorbei mit Warten. Man braucht das, wonach einem gelüstet, wie ein Junkie seine Droge. Ihre Gedanken kreisten ums Essen. «Man ist fokussiert auf ‹Wo kriege ich die Glace her?› Natürlich habe ich versucht, intellektuell zu analysieren, warum ich das Verlangen nach etwas ‹Bösem› wie Zucker habe», sagt sie. «Für ein Model ist Schoggi oder Pizza ‹böse›.» Um nur ja nichts «Böses» zu essen, kaufte sie oft Sachen, die eigentlich gesund sind – Bio-Müesli, Nüsse, Raw Chocolate, Früchte, Dinkel-Guetsli ... –, und ass zu viel des Guten. Hier machte die Menge das Gift: «Ich ass viel zu viel, aber wenigstens hatte ich das Gefühl, es sei etwas Gesundes. Damit trickste ich mein Gewissen aus.»

Zu Beginn hatte Patricia Schmid nur ein-, zweimal in zwei Wochen solche Attacken, dann einmal pro Woche, schliesslich fast jeden zweiten Tag. Nach einem Anfall plagten sie Schuldgefühle. «Ich nahm zu und wurde unförmig, was mir meine Agentur vorwarf. Und ich war launisch. Das war gar nicht ich! Zudem schämte ich mich, weil ich mich nicht beherrschen konnte. Ich bin Perfektionistin, war früher ein Kontrollfreak, hart zu mir selbst. Da magst du dich nicht. Das strahlt man auch aus. Das sehe ich heute in den Fotos von damals», sagt sie kritisch. Es begann ein physisch wie psychisch ungesunder Kreislauf, ein richtiger Teufelskreis, aus dem sie nicht rauskam. Eines Tages wachte sie auf und wollte nicht mehr. Sie suchte einen Arzt auf, Dr. D'Adamo in New Hampshire. Er gab ihr eine Diät, die erstens den Hormonhaushalt wieder ins Gleichgewicht bringen sollte und zweitens ein Plan war, um neu zu lernen, wie man sich ernähren sollte. Patricia Schmid hielt sich ein Jahr daran. «Später habe ich wieder mehr einfach das gegessen, was ich mag. Aber bewusster. Ich bin danach nie mehr rückfällig geworden», sagt sie.

Gerade hat die 30-Jährige eine Ausbildung zum Health Coach abgeschlossen und viel über Ernährung gelernt. Während des einjährigen Fernstudiums hat sie erst herausgefunden, was diese Gier damals ausgelöst hat. Es war die Leere in ihr, die sie mit Lebensmitteln nicht füllen konnte. Das Model fühlte sich einsam. «Hätte ich jemanden gehabt, der mich umarmt und mit dem ich hätte reden können, wäre ich nicht zum Kühlschrank gegangen. Wir hätten vielleicht gemeinsam gekocht und zu Abend gegessen, sodass ich mich nicht exzessiv vollstopfen hätte müssen. Ich habe kapiert, dass ich jemanden brauchte, der mich versteht, für mich da ist und bei dem ich alles rauslassen kann», gesteht sie ein. «Den Tag über bin ich immer die Perfekte, Nette. Mit den Gelüsten habe ich mir erlaubt, böse zu sein.» Die Definition, was gut ist und was böse, entstand schon in Patricia Schmids Kindheit. Sie stand ständig unter Druck, funktionieren zu müssen. «Ich meinte, das brave Mädchen sein und mich anpassen zu müssen, damit die Leute mich mögen.» Ihre Analyse: Zeit unseres Lebens tragen wir soziale Anzüge. Den ersten ziehen wir im Alter von eins bis fünf an. Wir wollen als Kind, dass alles perfekt ist. Wenn die Eltern streiten, denken wir: Was haben wir falsch gemacht? Den zweiten Anzug tragen wir im Alter von zehn, zwölf Jahren. Um in der Schule dazuzugehören und gemocht zu werden, passen wir uns an. Den dritten Anzug streifen wir über, wenn wir von zu Hause weggehen und auf uns allein gestellt sind. Wir wollen es den Leuten zeigen. Darum geben wir uns tough. So laufen wir das ganze Leben mit Anzügen rum. «Ich habe meinen mittlerweile abgelegt. Ich kann es nicht jedem recht machen, bin stolz, nicht dazuzugehören, sondern anders zu sein. Und ich muss niemandem mehr etwas beweisen. Nicht einmal mir», sagt Patricia Schmid heute.

Sie ist sich sicher: «Bestimmt hat mein Job als Model die Essanfälle ausgelöst. Aber er hat mir auch Heilung gebracht.» Als sie in jenem Jahr in ärztlicher Behandlung war, hat Patricia Schmid eine Pause gemacht vom Modeln. Sie hat andere Sachen ausprobiert, auch Spirituelles, das ihr Tiefe gab. «Danach habe ich mehr Leute angezogen, die ähnlich sind wie ich – nicht oberflächlich – und die das Business nicht so seriös nehmen. Mein Umfeld hat sich geändert, obwohl ich noch im selben Job bin.» Ist ihr ein ähnliches Verhalten, wie bei ihr damals, auch bei anderen Models aufgefallen? «Schon. Bei anderen Models habe ich häufig gesehen, dass ein Grossteil keine Ahnung hat, wie man sich richtig ernährt. Die Agenturen helfen den jungen Mädchen nicht dabei, sie wollen einfach, dass man dünn ist, erklären aber nicht, wie das auf gesunde Art geht. Man kann nicht einfach nichts essen!» Doch durch den immer stärkeren Trend der Plus-Size-Models habe sich in den letzten paar Jahren einiges verändert. Viele Mädchen und auch Kunden legen heute mehr Wert auf eine gesunde Optik. Das Wissen über Ernährung hat sich dank der Social Media unter den Models verbessert. «Dürre Models sind out», so Schmid. «Und das ist gut so!» Modeln ist körperlich intensiv. Damit ein Foto natürlich wirkt, dauert es oft lange, es ist eine Knochenarbeit. Dabei zerren unzählige Leute an einem Model rum – der Stylist, der Hair-and-Make-up-Artist, der Fotograf. Dafür muss man Energie haben. «Wenn die Hormone nicht in Balance sind, weil man nicht gesund isst, nervt dich das alles. Du bist dauernd auf der Kippe, willst alle anschreien. Du drehst durch», gibt Patricia Schmid preis.

Solche Momente hat sie fast komplett hinter sich gelassen. Ihr Fokus liegt gerade ganz bei ihr. Die schöne Frau erwartet ihr erstes Baby mit ihrem Freund, dem Künstler Gian Tumasch Appenzeller. «Jetzt, wo ich schwanger bin, esse ich, worauf ich Lust habe. Derzeit liebe ich Blattsalat. Am Abend koche ich Gemüse, Fisch, ich mag Mozzarella und anderen Käse», sagt sie und strahlt. Während der Karriere hat sie auf vieles verzichtet, weil sie nicht wusste, was sie essen darf. Durch den Verzicht wird das Verlangen nach dem Verbotenen gefördert. «Wer sich nicht ausgewogen ernährt, ist nicht satt – und nicht happy.» Wenn Patricia Schmid nun Appetit auf Schokolade hat, dann auf ein paar Stückchen, nicht auf ein paar Tafeln. «Dadurch, dass ich die Balance im Essen gefunden habe, hat sich auch die Balance in Beziehungen und Freundschaften eingestellt. Früher habe ich Treffen häufig last minute abgesagt, weil mir so übel war nach einer Fress-Attacke oder ich mich deswegen schlecht gefühlt habe», sagt sie. Die Ausbildung zum Health Coach hat sie auch gemacht, um anderen zu helfen. Gerade die Gier nach Zucker kommt sehr oft vor. Was sie gelernt hat: «Man darf nicht zu hart zu sich selbst sein, sich nichts verbieten, sonst wird man mit grosser Wahrscheinlichkeit Lust auf etwas sehr Ungesundes entwickeln. Sich zu perfekt zu ernähren, ist gar nicht gesund. Man macht sich bloss verrückt!» Was man isst und wie der Körper es aufnimmt, sei Kopfsache. Wer denkt: «Oh nein, das hätte ich nicht essen sollen», dem wird es damit schlecht gehen. «75 Prozent der Verdauung sind emotional und mental», erklärt Schmid. Verträgt man etwas nicht, etwa Milch, Nüsse oder Weizen, gibt es einen einfachen Test: Man verzichtet eine Woche lang komplett auf dieses Nahrungsmittel, danach isst man es an drei aufeinanderfolgenden Tagen. Passiert nichts, ist es keine Unverträglichkeit. Auch die Energie spielt beim Essen eine Rolle. «Man kann zum Beispiel die Mahlzeiten segnen, wie es die Schauspielerin Alicia Silverstone tut. Das hilft schon», so Schmid. Von Diäten und Trends hält sie nichts mehr: «Keiner hat die absolute Wahrheit, weder die Low-Carb-Bewegung noch die Rohkostanhänger noch die Veganer. Während der Ausbildung hörte ich auf, mit dem Kopf zu denken, und seither höre ich nur auf meinen Bauch. Jetzt esse und trinke ich, worauf ich Lust habe, Käse, Fleisch, Wein ebenso wie Gemüse, Obst und Salat oder Speisen aus der Kindheit wie Kalbsvoressen oder Mokkajoghurt.»

Wie geht es ihr heute mit ihrem Körper? Und wann fühlt sie sich am schönsten? «Bis ich achtundzwanzig war, habe ich mich nie hübsch gefühlt. Kein Cover konnte das ändern. Ich dachte, die lügen mir ins Gesicht, wenn sie mir sagen: ‹You are so beautiful.› Heute überlege ich gar nicht, ob ich schön bin. Ich bin zufrieden mit mir. Wenn mein Freund sagt: ‹Patricia, du bist schön, du bist sexy›, glaube ich ihm. Das reicht mir vollkommen.»

STECKBRIEF

Patricia Schmid, 30, zierte die Covers von Modemagazinen wie «Vogue», «i-D», «Harper's Bazaar» und lief für namhafte Brands wie Dior, Chanel, Louis Vuitton, Jean Paul Gaultier. Sie war das Gesicht von Versace, Shiseido und John Galliano. Gerade erwartet die Aargauerin ihr erstes Kind und schloss ihre Ausbildung zum Health Coach ab. Sie lebt am Zürichsee.

STRESS

«Herzlich willkommen. Zurzeit sind leider alle unsere Mitarbeiter besetzt. Bitte haben Sie einen Moment Geduld, wir sind gleich für Sie da.» Diese Information als Endlosschleife ins Ohr gesetzt, bringt viele Anrufer zum Köcheln. Zwar dauert die gefühlte Ewigkeit am Telefon in Wahrheit nur wenige Minuten. Wer nach dem Prinzip «schneller, höher, weiter, stärker» lebt, den nervt es, ruhig gestellt zu sein. Multitasker greifen in so einer Situation zum Smartphone, um schnell ein Foto auf Instagram zu posten, lesen parallel die News auf blick.ch, ziehen die Lippen nach und sortieren ihren Schreibtisch um. Die meisten wollen unendlich viel und das subito. Ungeduldig zu sein, ist en vogue. Wir bewundern Menschen, die rasch zur Tat schreiten. Die Helden von heute brennen für zig Themen. Sie scheinen entschlossen, emsig, aktiv, kreativ. Aber sind sie das wirklich?

Der Begriff Stress ist der Materialprüfung entlehnt und bedeutet Anspannung, Verzerrung. In den Neunzigern und Anfang des neuen Jahrtausends war Stress fast ein Statussymbol; für Manager gehörte er zum guten Ton, weil er gleichbedeutend schien mit Erfolg, oder zumindest ging das eine nicht ohne das andere. Längst ist er allerdings zur Volkskrankheit mutiert. Jeder dritte Arbeitnehmer in der Schweiz leidet darunter. Jährlich entsteht der Volkswirtschaft durch die Auswirkungen ein Schaden von mehr als vier Milliarden Franken. Die Europäische Agentur für Sicherheit und Gesundheitsschutz am Arbeitsplatz listet Stress nach Rückenschmerzen als das zweitgrösste berufsbedingte Gesundheitsproblem auf. Er schwächt das Immunsystem und kann zu Krankheiten – Kopfweh, Rückenproblemen, Schlafstörungen, Herz-Kreislauf-Schwäche –, Alkohol- und Drogenmissbrauch und schliesslich zum Zusammenbruch führen. Die Psyche reagiert häufig mit Depressionen, Burn-out, Angstzuständen oder Panikattacken. Auch die Haut als unser grösstes Organ und Spiegel der Seele leidet. Im schlimmsten Fall bricht eine Neurodermitis, Schuppenflechte, Psoriasis oder Gürtelrose aus. Im «besseren» Fall wirkt der Teint müde und fahl, die Ausstrahlung ist dahin, Fältchen graben sich tiefer ein und Augenringe werden deutlich sichtbar. In Stresssituationen gibt die Haut vermehrt Wasser ab, um den überhitzten Körper herunterzukühlen. Irgendwann kippt der Mechanismus, die Regulation funktioniert nicht mehr, sodass eine Regeneration nicht mehr möglich ist. Und man schneller altert!

Der häufigste Grund für Stresssymptome sind nicht ein zu hohes Arbeitspensum oder überzogene Anforderungen, sondern ein Mangel an Kontrolle. Nein sagen können und seine Limite kennen, ist daher enorm wichtig, will man die Balance nicht verlieren beziehungsweise wieder erlangen. Und es braucht ein Ventil, um nicht irgendwann zu explodieren. Bewährt hat sich der physische Ausgleich für psychischen Druck. Wer sich regelmässig bewegt, der regt sich weniger auf. Gelassenheit geht mit körperlichem Wohlbefinden einher. Nur diejenigen, welche wissen, was sie konkret stört, können etwas ändern: Ist die momentane Schieflage des körperlichen und emotionalen Gleichgewichts verursacht durch ein schwerwiegendes Lebensereignis wie eine Scheidung, den Tod eines nahestehenden Menschen, eine Konkurrenzsituation um eine Beförderung oder die termingerechte Produktion eines grossen Auftrags? Oder durch Alltagssorgen, wobei die einzelnen Ereignisse an sich banal erscheinen mögen, in der Summe jedoch zu viel sind, um sie noch gut zu bewältigen? Generell reagieren wir auf Stress in drei Phasen: Alarmbereitschaft, Widerstand, Erschöpfung.

Mit ein paar einfachen Mitteln ist im Kampf gegen Stress bereits einiges gewonnen. Manchmal reicht es schon, den Auslöser zu meiden oder ihm anders zu begegnen. Was ein solcher Trigger ist, kommt auf die individuelle Wahrnehmung an. Unsere Sensibilität kann sich auch im Laufe der Zeit ändern, abhängig von den Umständen. (Am ersten Ferientag nervt der Stau anders, als um zehn nach acht am Morgen auf der Fahrt zur Konferenz festzustecken.) Der erste Schritt ist die Bestimmung der Auslöser. Im zweiten Schritt kann man Strategien entwickeln, diese zu umgehen. Auch stressmindernd: Sich klare Ziele setzen, ohne den Weg dorthin mit Scheuklappen zu gehen! Flexibilität und auch mal die Route ändern, bringt einen vorwärts. Obwohl Multitasking heute als ein enormer Wert gilt und von modernen Menschen quasi gefordert wird, lässt man es besser ab und zu sein! Die Rechnung geht nämlich nicht auf: Man hat hundert Prozent an Aufmerksamkeit zur Verfügung. Teilt man diese auf mehrere Dinge auf, macht man alles nur noch so nebenbei und damit weniger gut und gern. Wer das nicht glauben mag, macht einen einfachen Test: einen Tag lang die Posten auf der To-do-Liste gleichzeitig und durcheinander erledigen. Am nächsten Tag eins nach dem andern. Der Vergleich wird für sich sprechen, nämlich zeigen, was man tatsächlich geschafft hat. Und vor allem, wie es einem am Ende des Tages geht. Wenn schon Multitasking, dann bei Tätigkeiten, die sich tatsächlich dafür anbieten – neben dem Bügeln zu telefonieren, während man ein Auge auf den vor sich hin köchelnden Basmatireis auf dem Herd hat, ist eine leichte Übung. Wer sich aber bewusst mit Musse nur einer einzelnen Sache widmet, merkt, wie viel mehr Freude und Genugtuung es ihm bringt. Und auch wie er besser abschaltet und entspannter wird. Beim Bügeln die Gedanken wandern lassen führt manchmal zu ungeahnten Geistesblitzen. Mit Hingabe Gemüse rüsten ist ähnlich kontemplativ wie eine kurze Meditation. Und man wird deutlicher gewahr, was man isst, in welcher Qualität und Menge. Wer sich mit Junkfood füttert, ist nicht auf der Höhe seiner Leistungsfähigkeit und nicht stressresistent ...

Um auf seine Bedürfnisse hören zu können, braucht es Stille. Das Piepsen und Blinken der Messages auf dem Smartphone-Display, die Dauerbeschallung durch die Stöpsel im Ohr, das permanente Checken von Instagram-Kommentaren – Lärm ist einer der schwerwiegendsten Stressoren. Wie wäre es mit einer Detox-Kur von den Social Media? Zum Beispiel während des fünftägigen Segeltörns das iPhone im Hotelsafe einschliessen und den Duft der Freiheit auskosten. Man selektiert danach leichter und schätzt den bewussten Konsum. Musik vermag, gezielt eingesetzt, unsere Laune sofort zu heben. Das Lieblingslied aus den letzten Ibiza-Ferien entführt die Gedanken aus dem grauen Alltag auf die Insel. Die aufgehellte Stimmung hat zusätzlich eine Wirkung auf den Körper, der entsprechend positiv reagiert – wir entspannen uns. Ein typisches Symptom für Aufschieberitis: Der Berg an Unerledigtem türmt sich zum Mount Everest, sodass er unbezwingbar erscheint. Das verdriesst logischerweise. Zumindest alle paar Tage sollten die bis anhin kleinen Häufchen abgearbeitet werden, um aus der Agenda und dem Kopf gestrichen werden zu können. Es hilft, sich mit Zeit zu belohnen, die man mit etwas Besonderem verbringt, wenn die Besorge-ich-morgen-Ablage leer ist.

Wie wäre es, auf dem Weg zur oder von der Arbeit zehn bis fünfzehn Minuten zu Fuss zu gehen? Ein Spaziergang lüftet den Kopf aus. Man bewegt sich und fühlt sich leichter, atmet frische Luft (okay, meist Grossstadtluft, aber auch die ist frischer als jene aus der Klimaanlage im Büro oder im Bus) und sieht täglich etwas Neues, auch wenns nur Kleinigkeiten sind, die einem auffallen. Übrigens, wer in einem Umfeld agiert – am Arbeitsplatz oder daheim –, das ihm nicht gefällt, tut sich damit weh. Schon das Feng-Shui sagt: Der Blick, der sich vom Pult hebt, möge auf ein Lieblingsstück treffen. Jäger und Sammler müssen jetzt ganz stark sein; entrümpeln Sie Ihre Schatztruhen! Angesammeltes belastet. Es verstaubt und hält einen in der Vergangenheit. Das heisst nicht, dass sie sich rigoros vom mühsam Erlegten trennen müssen, nur nicht alles wahllos horten. Eine wunderbare Antistressmethode ist mentales Training. Wer zuerst die Stimmen im Kopf nicht abschalten kann, um ausschliesslich auf seinen Atem zu hören, der probiert geführte Meditationen. Von denen gibt es zu wirklich jedem Thema eine auf CD oder zum Runterladen. Das Geheimrezept gegen Stress ist eine Tätigkeit, die man liebt. Die macht man automatisch mit mehr Energie, Geduld und Durchhaltevermögen. Im Job auf die Arbeiten fokussieren, die man mag, und den Rest als Garnitur betrachten.

Die Realität ist: Ein Leben gänzlich ohne Stress ist eine Illusion. Problematisch wird Stress als Dauerzustand. Denn natürlicherweise sollte auf eine Anspannung immer eine Entspannung folgen.

Stress über Stress

«Man bezahlt für alles, was man in der Vergangenheit verbrochen hat. So ist die Natur», sagt Stress. Zimperlich ging er nie mit sich um, und ahnte schon das eine oder andere Mal, dass er sich zu viel zumutete oder zu heftig und oft über die Stränge schlug. Anstrengende Tourneen, nächtelanges Durcharbeiten, Alkohol und der steigende Erwartungsdruck setzten dem erfolgreichsten Rapper der Schweiz zu. Doch er überhörte geflissentlich die Signale. Erst als der Körper Stopp schrie und ihn ein Bandscheibenvorfall sprichwörtlich in die Knie zwang, musste er kürzer treten und endlich seine Bedürfnisse wahrnehmen. «Ich konnte vor Schmerzen nicht schlafen. Ich dachte, ich kann nie wieder auf einer Bühne stehen. An Auftritte oder etwa auch an Sex war nicht zu denken», erzählt er. Schwere Rückenprobleme haben den 38-Jährigen schon zweimal in seinem Leben ausser Gefecht gesetzt. Als mir Andres Andrekson alias Stress im Zürcher Restaurant Volkshaus in einer ruhigen Ecke gegenübersitzt, wirkt er ruhiger als bei vielen vorigen Begegnungen. Trotzdem: Eine gewisse Grundanspannung wohnt ihm inne. Der Musiker wird überall erkannt. Die Leute drehen sich nach ihm um. Man tuschelt. Er ist ständig unter Beobachtung, meist bringt man ihm Bewunderung entgegen, bittet um ein Autogramm oder schnell um ein Föteli. Zumindest in der Schweiz hat Stress in der Öffentlichkeit nur dann Ruhe, wenn er sie einfordert. Sein Pseudonym ist zum lebensbestimmenden Prinzip geworden.

Heute ist der gebürtige Este reflektiert, wenn er an den Zusammenbruch vor vier Jahren denkt, der mit dem Beziehungs-Aus zu Melanie Winiger einherging. Mit der Ex-Miss-Schweiz war er von 2008 bis 2012 verheiratet. Zusammen mit Winigers Sohn Noël aus einer früheren Beziehung lebten sie in einem Haus in Zollikerberg ZH. Seit April 2012 ist er mit Model Ronja Furrer zusammen. Die 23-Jährige pendelt zwischen New York City und der Schweiz.

«Ich war zu gestresst mit meinem Leben und habe nicht genug auf mich geachtet. Tausend Dinge haben sich kumuliert, bis ich den Punkt erreicht hatte, wo nichts mehr ging», erinnert sich Andres Andrekson an 2012. Dann kam der Bandscheibenvorfall, sodass er gezwungen war, anzuhalten und etwas zu ändern. Schon mit 19 war er in einer ähnlichen Situation. Zu einer extrem anstrengenden Zeit mit Examen beim Studium kamen private Probleme – und sein erster Bandscheibenvorfall. Ein Arzt verschrieb ihm damals Medikamente gegen die Schmerzen, sodass es ihm besser ging. Einige Monate vor der Trennung von Melanie Winiger hatte er seinen zweiten körperlichen Zusammenbruch. «Die Trennung war dafür nicht der Auslöser», beteuert er. «Jeder, der in einer Beziehung ist mit jemandem, der etwas mit so grosser Leidenschaft betreibt wie ich die Musik, hat es schwer. Die Partnerin fühlt sich oft, als wäre sie nicht die Nummer eins, obwohl es um zwei verschiedene Dinge geht. Wenn man leidenschaftlich ist, will man nur seine Ideen verfolgen und seine kreative Vision umsetzen, alles ausprobieren. Das braucht Zeit, Energie, Commitment», so Stress. Man geht keinem normalen Job nach, bei dem man abends heimkommt und einhundert Prozent privat ist, weil man die Arbeit im Büro zurückgelassen hat. Man arbeitet quasi andauernd, 24/7. «Ich denke, das ist die Problematik einer Beziehung mit mir. Mein Leben bestimmt die Musik», so der Rapper.

Leidet darunter auch seine aktuelle Beziehung zu Model Ronja Furrer? «Nein. Mit Ronja läuft es super. Ich habe mich weiterentwickelt und gelernt, dass ich Zeit in die Beziehung investieren muss, für sie da sein muss. Ausserdem haben wir eine gute Art gefunden, wie wir den anderen in den kreativen Prozess integrieren können. Wir sprechen über unsere Projekte, sie erzählt von sich und ich auch», sagt Stress. Wer selbstständig ist und sich etwas von null aufgebaut hat wie die beiden, sieht den Beruf nicht bloss als Job an. «Er ist dein Leben!», sagt Stress. Mit jedem Album wird der Erwartungsdruck grösser. Aber es gibt nichts, was man dagegen tun kann. «Man zieht den Kopf ein und macht weiter, egal obs gut oder schlecht läuft oder wer was von einem erwartet. Die Dinge ändern sich sowieso, das habe ich mit der Zeit gelernt. Und dass sie sich nicht immer zum Schlechten ändern. Ich bin sicher, es liegt viel Grossartiges vor mir. Nur manchmal sieht man das nicht sofort.»

Stress musste feststellen, wie wichtig es ist, seinem Körper Platz zu geben. «Ich bin immer im Kopf. Der Körper wird vernachlässigt. Dieser Teil von uns braucht aber auch Aufmerksamkeit.» Sein Körper sendete ihm Signale, dass er in eine falsche Richtung brauste mit höchster Crash-Gefahr. Die erste Krise kam mit neunzehn. Der Bandscheibenvorfall acht Jahre später.

Beide Male stand er an einem Punkt, wo er nicht mehr genug auf sich aufgepasst hat. Er war auf so viel anderes fokussiert. Er hat Wirtschaft studiert, die Prüfungen standen im Vordergrund, später die Karriere. Eigentlich machte Stress immer gern Sport. Doch wenn er derart intensiv mit einer Sache beschäftigt ist wie mit seiner Musik, kann er an nichts anderes denken. Er weiss zwar, dass Sport ihm guttut, aber er vergisst schlicht, ihn auszuüben. Die Balance fehlt. «Irgendwann habe ich mich dann wieder daran erinnert. Ich musste auch wieder was tun, weil ich körperlich ein Wrack war!», so Stress. Jetzt macht der 38-Jährige Yoga, boxt, läuft – mindestens zweimal pro Woche. Es sind unterschiedliche Bewegungsarten, das eine ist mehr dynamisch, das andere stärkt auf subtilere Weise. Sie ergänzen sich gut. «Diesen Mix von Dynamik und Statik brauche und will ich auch im Leben!», sagt er.

Stress boxt seit drei Jahren. Ist das auch ein Mittel, um Aggressionen loszuwerden? «Nein! Leute, die niemals geboxt haben, schätzen es falsch ein. Viele glauben, man wolle damit Aggressionen abbauen. Es ist einfach ein sehr facettenreiches Training, das diverse Bereiche des Körpers beansprucht», stellt er klar. Um den Sport richtig ausüben zu können, muss man fit sein auf eine sehr komplette Art. In den Ring zu steigen und gegen einen anderen zu kämpfen, kommt für den gebürtigen Esten nicht infrage. «Ich will keine auf die Birne kriegen! Ich brauche auch den Kampf Mann gegen Mann nicht.» Yoga ist dem Boxtraining sehr ähnlich. Man benützt seine Muskeln auf eine Art, die man nicht gewöhnt ist. «Am Anfang haben viele meiner Bekannten gesagt: ‹Yoga ist schwul.› Sie gehen ins Gym und haben trotzdem Rückenschmerzen. Auch ich fand es ein bisschen feminin, bevor ich damit begann. Es ist wichtig, solche dummen Vorurteile abzubauen», sagt er. Yoga beinhaltet neben dem physischen einen grossen mentalen Aspekt, wobei ihn der nicht interessiert. Der Musiker meditiert zum Beispiel nicht. «Jeder muss sich doch auf seine eigene spirituelle Suche machen. Dafür brauche ich Yoga nicht. Mein Lehrer Clive Radda nimmt es zum Glück auch nicht zu genau mit der Spiritualität. Spiritualität ist für mich etwas sehr Privates. Wenn jemand durch das Yoga angeregt wird, sich damit auseinanderzusetzen, und es ihm hilft, seine Sicht zu erweitern, dann ist das positiv. Ich brauche Yoga, um einen geschmeidigeren Körper zu haben. Für meine Rückenprobleme ist es ideal.»

Seine Mitte findet er mittlerweile immer besser. «Egal, ob ich auf die Bühne gehe, Promo mache, an Songs bastle, man muss immer seinen inneren Frieden finden, um es richtig zu machen. Manchmal ist man erschüttert und steht darum neben der Spur und muss erst wieder einen Weg finden, um hundert Prozent präsent zu sein. Wer etwas nur halb macht, lebt nicht den Moment», analysiert Stress. Für ihn gibt es verschiedene Möglichkeiten, den Zustand der vollen Aufmerksamkeit und Ruhe zu erreichen. Andres Andrekson ist sich sicher, dass jedes physische Problem auch einen psychischen Aspekt hat. Er projiziert seine Rückenprobleme aber nicht auf etwas oder sucht eine Ursache dafür. «Vor allem nicht in meiner Beziehung zu Melanie. Die Rückenprobleme wurden nur zu der Zeit publik, als wir uns trennten. Ich hatte sie aber schon davor. Bei mir waren es viele Kleinigkeiten, die sich zu einer Krise summiert haben. Du weisst dann nicht mehr, wie du damit umgehen sollst, und die Situation überfordert dich. Es ist, wie wenn lauter kleine Steine den Mount Everest ergeben, den du dann besteigen sollst. Es braucht Zeit, alles zu dekonstruieren.»

Seit seinem dreissigsten Lebensjahr ist Andres Andrekson immer wieder in Psychotherapie. «Ich hatte von Kindheit an ein sehr intensives Leben. Da gab es genug, was ich verdauen musste. Therapie half mir bei dem Prozess. Ich machte früh viel durch, wofür ich kein Ventil hatte. Diese Momente habe ich in der Therapie nochmals aufgearbeitet», sagt er. Wenn eine Person es schafft, dass man Dinge aus einem anderen Blickwinkel im neuen Licht betrachtet, dann sei eine Unterhaltung mit ihr hilfreich. Ihm war wichtig, sich besser kennenzulernen. Auch wie andere Leute ticken, welche Erwartungen sie an ihn haben und wie er besser damit umgeht, weiss er nun. Therapie half ihm, sein Umfeld besser zu verstehen. Das erschien ihm sinnvoll an dem Punkt im Leben: «Ich wollte gesünder die nächsten Schritte angehen als bessere Version von mir selbst. Schwierigkeiten werden immer auftreten, und ganz ehrlich, ich habe keine Angst davor, wieder an solch einen Tiefpunkt zu kommen. Sollte mir das passieren, kann ich damit umgehen. Ich bin gewappnet und habe die Mittel, rauszukommen», sagt er gelassen. «Wenn die Wand auf einen zukommt, dann kommt sie. Ich werde nicht den Rest meiner Zeit damit verbringen zu denken: Ich will nicht an der Wand zerschellen. Dann fühle ich ja gar nichts mehr! Wer sich solche Sorgen macht, ist auf dem besten Weg, sich zu verlieren.»

Lange Zeit war Alkohol Stress' Ventil. «Ich trinke noch immer gern und schnell. Ich trinke viel und mehr als jeder andere», sagt er nicht ohne Stolz. Es müsse aber alles in Relation gesetzt werden: In seiner krassen Zeit war er jung, auf Tour, mit Freunden zusammen, selten daheim ... «You get fucked up. Ganz ehrlich: Das ist heute nicht anders.» Aber er weiss mittlerweile, was er sich wann leisten darf. Er hat erlebt: «Betrunken kann ich keine Show machen. Darum trinke ich nicht vor einer Show. Aber vielleicht nachher.» Alkohol lässt einen die Dinge für den Moment vergessen. Und vergessen ist für ihn nicht mehr ausschlaggebend. Er mag es, mit Freunden zusammen ein paar Drinks zu nehmen, zu feiern; daraus wird oft mehr. «Dann trinke ich richtig, sonst ist es doch sinnlos. Ansonsten trinke ich nicht, nicht mal Wein zum Dinner. Während der Woche kann ich es mir gar nicht leisten, betrunken und am nächsten Tag angeschlagen zu sein. Gehe ich jedoch aus, weiss ich: Das liegt drin.» Ein, zwei seiner Freunde sind konstant «on the edge», sie sind Alkoholiker. Und er sieht deutlich ihr Problem: Sie sind gefangen in einer Falle, aus der sie nicht selbst rauskommen.

Was macht er gegen den permanenten Stress? «Ich habe vor Kurzem begonnen, am Abend Gras zu rauchen. Es hilft mir, runterzukommen. Natürlich würde ich es keinem Jugendlichen empfehlen, weil er süchtig danach werden könnte. Als Erwachsener passiert oft so viel in deinem Leben, und du hast nicht die Zeit, die du brauchst, um zur Ruhe zu kommen. Dabei hilft dir eine natürliche Droge wie Hanf oder Marihuana – die sind viel weniger schädlich als Alkohol. Du nimmst sie nur aus einem klaren Grund, nämlich um zu entspannen. Ich bin relaxter damit», gibt er offen zu. Ihm ist bewusst, dass der regelmässige Konsum Gehirnzellen zerstören kann. Aber er brauche nur eine minimale Menge, einen kleinen Joint, um den Zustand der Entspannung zu erreichen. Und die Musikgeschichte zeigt: «Grosse Hits wurden oft geschrieben von Musikern, die auf irgendetwas waren. Es funktioniert auch für mich sehr gut. Aber es funktioniert auch sehr gut ohne», so Stress. Vor allem am Ende einer Tour ist er echt geschafft, hat auch viel Party hinter sich und wirkt wie ein Zombie. In dem Moment verspürt er keine unbedingte Notwendigkeit zu trinken. «Alkohol wird erst zum Problem, wenn du ihn brauchst, um durch den Tag zu kommen. Das hatte ich nie. Aber ich mag es sehr gern, betrunken zu werden.»

Ist es so, dass sein Alter Ego Stress der Bad Boy ist und Andres der Besonnenere? «Je älter ich werde, desto weniger trenne ich Andres und Stress. Sie sind eher zwei unterschiedliche Arten, die Welt zu sehen. Vielleicht war es früher ganz angenehm, die Schuld auf Stress zu schieben, wenn ich mich wie ein Arsch benommen habe. Andres war so fein raus. Jetzt gestehe ich ein, dass es immer ich bin. Ich bin ehrlicher, zu anderen und zu mir selbst», gibt er zu. Gerade auf Tour ist es eine Herausforderung, alles unter Kontrolle zu haben. An den freien Tagen macht er Sport zum Ausgleich, damit es nicht mehr zur Krise kommt. Er will ein Mittel parat haben, wenn er es dringend braucht. Darum ist er stets achtsam. «Zu glauben, man könne in einer Krise punktuell und plötzlich was fixieren, ist eine Illusion. Auch ich habe keine Lust, am Morgen aufzustehen, um von einem Boxtrainer einen Tritt in den Hintern zu kriegen. Aber ich weiss, die Bewegung tut mir gut.»

STECKBRIEF

Stress, 38, alias Andres Andrekson, wurde in Estland geboren, wuchs in Lausanne auf und lebt in Zürich. Der studierte Ökonom und bekannteste Rapper der Schweiz (unter anderem mit neun Swiss Music Awards dekoriert) ist gerade mit seinem siebten Album «Stress» auf Tour. Er ist mit dem Topmodel Ronja Furrer liiert.

MOBBING

Der Wort-Künstler Shane Koyczan spricht an, was ihm als junger Mensch widerfahren ist – und damit vielen aus der Seele: «und wenn ein kind zerbricht, und keiner will was mitgekriegt haben, hört man dann ein geräusch? oder ist es bloss das hintergrundrauschen eines soundtracks in der endlosschleife, weil leute dinge sagen wie: Kinder sind nun mal grausam?» Das Gedicht des Kanadiers handelt von Mobbing. Die erschütternden Worte rütteln wach und fordern heraus, sich Gedanken zu machen über ein Problem, das mittlerweile die Hälfte der Jugendlichen in der Schweiz betrifft; Mobbing ist die am häufigsten erlebte Form von Gewalt im Jugendalter.

«To mob» bedeutet aus dem Englischen übersetzt belästigen, anpöbeln. Das deutsche Wort «Mob» bezeichnet eine aufgewiegelte Menschenmenge, Meute, Bande, Gesindel oder Pöbel. Schon früher triezten sich Kinder untereinander. Eine Schikane da, eine Intrige hier. Die Schwächeren wurden eingeschüchtert, wer nicht dazupasste, blossgestellt oder ignoriert. Dieses sukzessive Fertigmachen ist als Mobben beziehungsweise Mobbing stärker ins Problembewusstsein gerückt. Damit meint unsere heutige Realität das systematische Ausgrenzen und Erniedrigen eines anderen Menschen, betrieben von einer oder mehreren Personen. Die feindseligen Handlungen geschehen mit einer gewissen Regelmässigkeit und über eine längere Dauer. Vor allem, wenn es unter Kindern und Jugendlichen passiert, heisst es auch bullying. (In den englischsprachigen Ländern kennt man hauptsächlich diesen Begriff.) Geschieht es in der Hierarchie von oben nach unten, bossing. Wird ein Kind wiederholt wie beschrieben tyrannisiert, hat das erhebliche Auswirkungen auf seine Entwicklung. Es beginnt zu verinnerlichen, was über es gesagt wird, worunter sein Selbstwertgefühl enorm leidet. Eine Negativspirale ist losgetreten. Die Opfer schämen sich, sind unsicherer im Verhalten, einsamer, haben Schulangst. Generell sind ihre Erwartungen an die Zukunft düster. Für einen Teil wiegen diese Belastungen so schwer, dass sie eine psychische Störung entwickeln, etwa eine Angsterkrankung oder Depression.

Wie können Erwachsene in solch einer Situation helfen? Rasches Handeln ist gefragt! Befürchten Eltern oder Lehrer, ein Kind wird gemobbt, sollten sie es ermutigen, sich mitzuteilen. Das muss nicht unbedingt ihnen gegenüber sein, sondern auch einer anderen Vertrauensperson wie einem Verwandten oder Psychologen. Wichtig ist, dass es sich um einen Erwachsenen handelt, denn Gleichaltrige können ihm nicht helfen. So fühlt sich der junge Mensch nicht allein gelassen. Durch den Rückhalt bekommt sein Selbstvertrauen neuen Schub. Ist das Problem erst mal besprochen, kann man gemeinsam Möglichkeiten überlegen, wie er sich durchsetzt. Im besten Fall findet man Strategien, das Mobbing überhaupt zu verhindern. Dabei kommt es auch wesentlich auf das Verhalten der Direktion und der Lehrer an. Die Schüler sollten für die Problematik sensibilisiert werden. Das gelingt selten mit dem erhobenen Zeigefinger und Moralpredigten, aber manchmal durch Rollenspiele. Die Kinder müssen sich in das Opfer, die Täter, Mitläufer, Mitwisser und Zuschauer reinversetzen, und es werden für alle die Folgen der Ausgrenzung sicht- und spürbar. Gelingt es, gerade unter den Mitläufern Betroffenheit zu wecken, können meist weitere Auswüchse verhindert werden. Auf Mobbing spezialisierte Kriseninterventionsteams kommen bei Bedarf an die Schule. Sie klären auf und tragen nicht nur dazu bei, die akute Situation zu entschärfen. Ihnen ist wichtig, dass die Klasse etwas daraus lernt, damit es keine neuen Opfer gibt. Das Schlimme am Mobbing ist die Öffentlichkeit. Und die ist in der Schule massiv. Eine langfristige Lösung für das Opfer ist daher nicht selten ein Schulwechsel.

Das klassische Mobbing hat im Internet einen neuen Tatort gefunden. Brisant daran: Die Intensität wird potenziert. Cybermobbing – jemanden mit SMS, Chat-Nachrichten und online zu belästigen, verleumden, auszuschliessen und/oder zu bedrohen – ist deshalb so gravierend, weil in kürzester Zeit eine grosse Community von der Schmach erfährt. Und weil das, was einmal den Weg ins WWW fand, dort immer wieder auftauchen kann. Auf den Social Media werden peinliche oder intime Fotos gepostet. Jede Veröffentlichung des Opfers wird mit herabsetzenden Kommentaren versehen. Der Täter stellt falsche Behauptungen auf oder tritt mit Demütigungen en masse einen Shitstorm los. Die extremen Auswüchse: Kompromittierende Filmchen landen auf Youtube. Dabei kann alles ganz harmlos beginnen, etwa aus Langeweile oder als Scherz. Über Facebook und Whatsapp lassen sich Partyfotos und coole Sprüche genauso leicht teilen wie böse Gerüchte und Beleidigungen. Aus dem Spass wird dann schnell Ernst. Oder ein persönlicher Zwist wird vom Schulhof ins Internet transferiert und artet dort aus.

Gibt es typische Täter und Opfer? Nun, beachtlich erscheint, dass mehr als ein Drittel der Täter zuvor Opfer eines Cybermobbing-Angriffs war. Ihre soziale Interaktion spielt sich viel online ab. Ein weiteres Merkmal: Vielen Angreifern fehlt etwas, sei es Aufmerksamkeit, Zuwendung, das Gefühl von Macht oder Selbstwert. Sie sehen Cybermobbing auch als Möglichkeit, sich auf Kosten eines anderen selbst in Szene zu setzen. Durch die vermeintliche Anonymität digitaler Medien sinkt die Hemmschwelle. Häufig sind es dann schnell mehrere Täter. Den Opfern ist gemeinsam, dass sie relativ sorglos mit persönlichen Daten im Netz umgehen. Ein banaler Auslöser kann verheerende Folgen haben.

Die Zürcher Hochschule für Angewandte Psychologie schreibt in ihrem Fact Sheet zu Cybermobbing bei Kindern und Jugendlichen, dass die Prävention zentral ist. Das Schulklima und die Feedback-Kultur im Klassenzimmer haben einen wesentlichen Einfluss darauf, wie häufig es auftritt und ob die Fälle der Schule gemeldet werden. Sie weist auch auf die Risiken von Sexting hin, das digitale Versenden von erotischem Bildmaterial oder Texten erhöht das Risiko von Cybermobbing. Ein als Liebesbeweis geschicktes Nacktfoto kann nach einer Trennung aus Rache per Handy oder Internet an unerwünschte Zuschauer gelangen und für Mobbing-Zwecke verwendet werden. Das Faktenblatt unterstreicht ausserdem die Strafbarkeit des Verhaltens, wenn es unter die Tatbestände Üble Nachrede, Verleumdung, Beschimpfung oder Drohung fällt. Die Tipps im Ernstfall: Nicht online antworten! Das könnte weitere Beleidigungen provozieren bis hin zur Eskalation. Hilfe holen bei erwachsenen Vertrauenspersonen oder spezialisierten Hotlines, etwa bei Pro Juventute oder dem Institut für Angewandte Psychologie. Personen, die jemanden online fertigmachen, so schnell wie möglich innerhalb des sozialen Netzwerkes blockieren oder im Chatforum melden. Beweismaterial wie Screenshots abspeichern. Die Anzeige bei der Polizei als letzte Möglichkeit wählen.

In der schweizerischen Jugendstrafurteilsstatistik wurde seit 1999 ein grosser Anstieg der Urteile über Drohungen und Beschimpfungen gemessen, der vermutlich mit zunehmenden Online-Verleumdungen und -Drohungen zusammenhängt. Auf politischer Ebene überlegt man, die Betreiber sozialer Netzwerke zu verpflichten, ihre Nutzer beim Einloggen auf die Strafbarkeit von Beleidigungen und Ähnlichem im Netz hinzuweisen. So soll ein Bewusstsein geschaffen werden. Drohungen oder Beleidigungen per SMS oder im Internet musste heute jeder sechste Jugendliche schon mal über sich ergehen lassen. Die Opfer fühlen sich isoliert und verzweifeln fast an der Situation. Das kann bis zu Suizidgedanken führen. Die Täter zu finden, ist ungleich schwerer als auf dem Schulhof. Sie bleiben anonym oder verwenden eine falsche Identität. Ihre Angriffe treffen mit voller Wucht ins Ziel, weil es ein grösseres Publikum gibt. Die meisten Zuschauer verhalten sich dabei passiv: Weil sie sich unsicher fühlen und gar nicht wissen, an wen sie sich wenden sollen. Weil sie fürchten, selbst zum Opfer zu werden. Weil sie dem Täter keine Plattform bieten wollen. Weil sie dem Treiben so selbstverständlich zuschauen, als wäre es ein Drama in einer TV-Serie.

Jugendliche haben die Wahl, ein Teil der Lösung oder ein Teil des Problems von Mobbing zu sein. Solange sie nicht aktiv dagegen vorgehen, wird es Letzteres bleiben.

Bianca Keyman Gubser musste erleben, wie grausam Kinder sein können

Würde man sich die Sonnenseite des Lebens in Bildern vorstellen, stünde dort wohl Bianca Keyman Gubser in einem Designer-Bikini. Sie ist jung, schön und wuchs an der Zürcher Goldküste in der Villa Bella Vista ihres Stiefvaters Jürg Marquard auf. Ihre Mutter Raquel Marquard ist in dritter Ehe mit dem Verleger verheiratet. Und obwohl alles traumhaft läuft für die 26-Jährige – sie arbeitet als Model, Moderatorin, lancierte im letzten Jahr mit einer Kollegin ihr veganes Label The NAB und heiratete im Spätsommer 2015 –, lernte sie schon früh auch die Schattenseiten des Lebens kennen.

Bianca Keyman Gubser war gerade mal ein Teenager, als sie zum ersten Mal mit Mobbing konfrontiert war. Es begann im Freigymi (Freies Gymnasium Zürich) in der Vorbereitungsklasse. Die ersten Formen von Mobbing merkt man, wenn sich eine Gruppe von Leuten zusammen gegen einen stellt. «Bei mir waren es Mädchengruppen. Später kamen auch Jungs dazu, aber die waren nur Mitläufer», sagt Bianca Keyman Gubser. «Ich kann mich sehr gut an eine Situation erinnern in der Kantine, wo ich mit einer Freundin beim Mittagessen sass. Sieben Mädchen reihten sich vor mir auf, das waren eigentlich auch Kolleginnen von mir. Ich ahnte gar nicht, dass die so ein Riesenproblem mit mir haben. Sie alle hatten zwei, drei Sätze in ihre Handfläche geschrieben und dann trällerten sie los, was sie gegen mich haben: ‹Du bist so arrogant. Du bist so eingebildet. Du bist dies. Du bist das.› Nach der Tirade sind sie wieder abgedüst. Ich dachte, ich bin im falschen Film!» Und ist ihr die Freundin beigestanden? «Meine Freundin hat sich innerlich gefreut und nach aussen Mitleid gezeigt. So sind Frauen ...» Im Nachhinein könne sie solche Situationen besser einordnen. Damals war das alles sehr schwer für sie. Der Horizont der jungen Frau war das Schulhaus. Mögen die Leute einen dort nicht, ist man logischerweise sehr pikiert und traurig darüber. Die Wogen haben sich wieder gelegt. Es war noch kein heftiges Mobbing. Aber es war der erste Ansatz.

Biancas Eltern liessen sich scheiden, als sie vier Jahre alt war. Ihr Vater Roger Gubser hielt zwar nicht viel vom glamourösen Jetset-Leben, blieb aber bis zu seinem Tod 2013 eine enge Bezugsperson für die Tochter. Gerade damals war er ihr erster Ansprechpartner für solche Probleme. Sie tauschte sich mit ihm über das Mobbing aus: «Er fand, ich soll es als Kompliment sehen. Mädchen, die polarisieren, ziehen halt Neid auf sich und werden ab und zu von anderen fertiggemacht.» Bianca Keyman Gubser blieb an der Schule – keine einfache Zeit, aber sie war absehbar. Die Mädchen zur Rede stellen wollte sie nicht. «Ich gehe nicht gern auf Konfrontation, sondern habe es akzeptiert und mein Ding weitergemacht. Auf jeden Fall habe ich ihnen nicht das Gleiche zurückgegeben», sagt sie.

Als sie wusste, dass sie ins Gymnasium Rämibühl aufgenommen worden war, hatte sie keine gute Vorahnung. «Ich hatte im Tennisclub gehört, dass gewisse Mädchen mich dort nicht mögen. Es kursierten schon Gerüchte, bevor ich überhaupt da war.» Und dann ging das krasse Bullying los. «Jeden Morgen wurde ich auf dem Schulweg angepöbelt: ‹He, du dumme Kuh. He, deine Mutter steht in der Zeitung …› Ich wurde mit allen möglichen Schimpfwörtern bedacht.» Es waren immer die älteren Mädchen, die sie angriffen. «Die waren schon siebzehn, achtzehn und ich gerade vierzehn.» Ironischerweise hatte sie es in ihrer Klasse sehr gut. Mit den Leuten, mit denen sie direkt Kontakt hatte, die sie persönlich kannten, gab es keine Probleme. Nur mit denen, die sie von aussen beurteilten. Die Initianten waren Mädchen. Bald schlossen sich die Jungs an. «Die wollten zeigen, ‹Ich mach die jetzt auch noch fertig›, um gut bei den anderen dazustehen. Das ergab einen Schneeballeffekt. Das Schlimmste, was mir passiert ist, waren drei Sachen, die ich nie vergessen werde», sagt die heute 26-Jährige.

Vorfall Nummer eins: Eines Morgens kam Bianca Keyman Gubser in die Schule, und das ganze Gebäude war innen mit ihrem Poster plakatiert. Sie war Model für Unterwäsche. «Ich war ja noch ein Kind und hatte noch keinen Busen. Irgendwer hat meine Calida-Werbung 200-mal kopiert und die Wände damit tapeziert. Darauf waren Kommentare geschrieben wie ‹Du Schlampe› und Ähnliches. Auf manchen hatte man mich umgezeichnet oder beschmiert. Rückblickend finde ich es eine Impertinenz, dass die Schulleitung darauf nicht reagiert hat. Sie hat null eingegriffen. Es geht doch nicht, dass ein Kind in die Schule kommt und die ganze Schule gegen es eingenommen ist.» Sie hätte sich erhofft, irgendein Lehrer möge anordnen, dass die Initianten dieser «Übung» die Poster entfernen und so viel Courage haben sollten, sich zu melden, um eine Strafe zu bekommen. Der geschützte Raum, den eine Schule bieten soll, war für sie damit weg.

Vorfall Nummer zwei: Sie wurde in den Maturandenzeitungen namentlich fertiggemacht. «Bianca Gubser, du dumme Kuh, kannst du endlich die Schule verlassen!?» «Wer ist die Hässlichste an der Schule? Die Bianca Gubser.» «Was ist das Coolste, was Rämibühl passieren kann? Dass Bianca Gubser geht.» «Diese Beleidigungen standen schwarz auf weiss. Und diese Zeitungen wurden von Lehrern vor dem Druck gelesen und abgesegnet», ist die junge Frau noch heute entsetzt. «Ich ging nach Erscheinen zur Schulleitung, um mich zu beschweren. Man sagte mir, ich solle mich halt anders verhalten, dann würde man mich auch mögen, und dass die Leute, die das gemacht haben, schon bestraft würden.» Aber da passierte nichts, es wurden keine Massnahmen getroffen. Es sei ja die Maturandenzeitung und den Schülern freigestellt, was sie dort schreiben. Das sei auch eine Möglichkeit, den Gefühlen mal freien Lauf zu lassen, und selbst die Lehrer würden darin oft durch den Dreck gezogen. Sie alle bekämen halt am Ende ihre Quittung. So räche man sich beim Abgang. «Sie wollten mir damit sagen: ‹Hör auf, dich zu beschweren, weil wir das auch erdulden müssen›», sagt Bianca Keyman Gubser entsetzt.

Das dritte Extrembeispiel: Eine Klassenkameradin war magersüchtig. «Ich selbst war sehr dünn, konnte aber essen, was ich wollte. Ich war einfach in der Entwicklung. Ich wurde von meiner Hauptlehrerin dafür verantwortlich gemacht, dass dieses Mädchen magersüchtig war und klinisch behandelt werden musste. Es kann doch nicht sein, dass ich mir anhören muss, dass ein anderes Mädchen wegen mir im Krankenhaus liegt!» Die andere fand diesen Vorwurf total lächerlich. Damit war bei Bianca der Punkt erreicht, wo sie nicht mehr konnte und wollte. Auch ihre Mutter Raquel Marquard hatte mitgekriegt, wie schwerwiegend die Vorfälle waren, wie sehr alles die Tochter belastete. Täglich in die Schule zu gehen, war für sie ein Albtraum, weil sie nie wusste, was für eine Überraschung sie dort wieder erwartete. Es kam noch zu einer Auseinandersetzung auf der Toilette, wo ein Mädchen handgreiflich wurde und sie gegen die Tür schubste. Kurz danach verliess Bianca Keyman Gubser die öffentliche Schule und wechselte ins Montana-Internat in Zug, ein privates Internat.

Wie haben diese Erfahrungen Bianca verändert? «Zunächst haben sich meine Noten radikal verschlechtert. Auch die Lehrer haben Stimmung gegen mich gemacht.» Es kamen Sticheleien wie «Du kleines Goldküsten-Tussi passt hier eh nicht rein». Oder «Jetzt habt ihr ja Geld». Dazu machten sie eindeutige Gesten, rieben die Finger aneinander. Das war sehr despektierlich. Bianca schüttete ihrer Mutter ihr Herz aus. Diese suchte das Gespräch mit der Klassenlehrerin der Tochter. Die Lehrerin tat die Vorfälle ab. «Sie meinte: Das kann ja mal passieren.» Die Mutter hat dann schnell reagiert, und zusammen entschied man sich für den Wechsel auf eine private Schule. Am Ende war Bianca Keyman Gubser sehr froh, von dort wegzukommen. Rückblickend gesteht sie sich ein, auch Fehler gemachtzu haben: «Ich hatte eine sehr polarisierende Art, ein bisschen überdreht. Sicher war ich früher tussig, ich war zu modefixiert und sehr extrovertiert, wie halt junge Mädchen so sind. Die müssen sich Bestätigung von aussen holen. Ich war kein einfacher Typ, aber es war sicher nicht gerechtfertigt, wie ich dort behandelt wurde.» Die Schule sieht sie wie einen Arbeitsplatz an. «Die Lehrerschaft, die wie mein Boss war, mochte mich nicht als Schülerin. Ich hatte das Privileg, mir die Schule aussuchen zu können, finde es aber schade, dass ich an eine Privatschule wechseln musste. Die Schweizer Matura ist sehr gut. Ausserdem ist der Mix an Menschen an einer öffentlichen Schule interessant: der unterschiedliche Background, die Elternhäuser, Herkunft, sozialen Schichten. Mein Kind soll unbedingt einmal eine öffentliche Schule besuchen und die Schweizer Matura machen», so Keyman Gubser.

Ein wenig kann die Jung-Unternehmerin nachvollziehen, warum sie damals zum Opfer wurde. Darum hat sie auch einiges an sich verändert und sich weiterentwickelt, sodass ihr so ein massives Mobbing nicht mehr passiert ist. «Ich habe mit der Zeit gelernt, mich mehr in andere reinzufühlen. Je älter ich werde, desto besser gelingt mir das.» Ausserdem präsentiert sie sich heute anders, diskreter. «Wenn ich dauernd Fotos von mir an grossartigen Orten poste auf den Social Media, schüre ich Neid. Es kommt darauf an, wie glamourös man sich inszeniert. Manche verlieren den Respekt. Das kann ich mit ein bisschen mehr Zurückhaltung eindämmen.» Sie gilt als Traumfrau – da ist Neid nicht weit. «Als Teenager habe ich es sogar darauf angelegt. Ich war also nicht unschuldig an der Situation. Wahrscheinlich hatte ich die Nase zu weit oben und dachte, ich bin die Prinzessin. Aber die Eskalation war absolut zu viel!»

Was kann Kindern, die Opfer von Bullying werden, helfen? Ein Vertrauenslehrer? Schüler als Vermittler? Bianca Keyman Gubser glaubt: Die richtige Schulwahl ist zentral. Eltern sollten sich diverse Schulen anschauen; das sollten sie dem Kind abnehmen im Vorfeld. Mit vierzehn kann man noch nicht selbst entscheiden, was das Richtige für einen ist. Mit einer Schule, die zum Umfeld und Charakter des Kindes passt, kann vieles verhindert werden. Meist sind es ohnehin die Eltern, die auf die Kinder Komplexe abwälzen und so Konkurrenzkämpfe vorprogrammieren. Wird man zum Opfer, muss man mit all seinen Sorgen zu den Eltern gehen können. «Ich habe die Probleme nur am Anfang meiner Mutter verschwiegen, weil ich mich geschämt habe. Im Endeffekt, als ich darunter sehr gelitten habe, hatte ich ein offenes Gespräch mit ihr. Von den Lehrern darf man nur wenig erwarten. Grosse Schulen sollten eine Schulpsychologin haben oder einen Coach. Jemanden, der beurteilen kann, wie schwerwiegend die Probleme sind, und mit dem man Lösungen entwickelt. Eine neutrale, geschulte Person, an die sich Schüler, Eltern und Lehrer wenden können, wäre gut.»

Jetzt, im Erwachsenenalter, erlebt sie Mobbing auf subtilere Weise. Es geht mit feinerer Klinge zu. «Frauen mobben im Gegensatz zu Mädchen mit mehr Substanz, weniger offensichtlich, mit mehr Raffinesse, weil sie wissen, dass es auch auf sie ein schlechtes Licht wirft, wenn sie lästern», weiss Bianca. «Vermeintliche Freundinnen erzählen aus Frust oder Neid weiter, was man ihnen im Vertrauen mitteilt. Ich habe gelernt, gewissen Leuten aus dem Weg zu gehen und in mir selbst gefestigt zu sein. Man muss nicht Everybody's Darling sein. Hat man das mal für sich entschieden, ist es gut.» Sie sieht das, was ihr widerfuhr, nicht als Kompliment an. Die Erlebnisse taten wahnsinnig weh und waren sehr schwer zu verstehen. Jedes Mal, wenn sie den Namen Rämibühl hört, läuft es ihr eiskalt den Rücken runter. «Aber es hat mich auf das Leben vorbereitet, was auf einen zukommt. Ich versuche, Leute, die mir nicht wohlgesinnt sind, so weit wie möglich auf Distanz zu halten. Ich habe feine Antennen entwickelt. Mittlerweile sehe ich schon darin, wie mich jemand anschaut, oder in kleinen Bemerkungen, ob er es gut meint oder nicht.»

STECKBRIEF

Bianca Keyman Gubser, 26, Model und Unternehmerin, studierte Fashion Business am Istituto Marangoni in Paris und London. 2014 lancierte sie das vegane Modelabel The NAB (The No Animal Brand). Sie lebt in Zürich.

SHOPAHOLISMUS

Ob die kabellosen Kopfhörer, nietenbesetzten Designerpumps, Markenjeans, der leistungsstarke Standmixer, schweinchenrosa Treteimer aus dem Discounter oder der Kulturbeutel mit Blümchenmuster aus dem Internet. Einfach alles kann für Oniomaniacs zum Suchtmittel werden. Ihnen geht es nicht mehr um das Produkt. Sie kaufen, um zu kaufen. Shopaholismus ist eine psychische Störung, die sich im zwanghaften, episodischen Erwerben von Waren äussert. Sie wird zu den nicht stoffgebundenen Abhängigkeiten, Zwangsstörungen oder Impulsstörungen gerechnet. Wie bei anderen Süchten müssen auch hier die Menge und die Häufigkeit gesteigert werden, um zum Kick zu kommen. Demnach erliegen Betroffene dem unkontrollierten Drang, immer öfter und in immer grösserer Zahl Dinge zu kaufen, die sie gar nicht brauchen. Weil nicht mehr der Besitz der Güter das Ziel ist, sondern der Akt an sich, verlieren viele schon in dem Moment, wenn sie den Laden verlassen oder den Klick im Online-Store gemacht haben, das Interesse an dem Teil. Ein weiteres Merkmal für die Abhängigkeit: Die Gedanken drehen sich fast dauernd darum, wie, was, wo man shoppen möchte – und wird. Das Perfide daran ist, anders als ein Spieler, Alkoholiker, Raucher oder Heroin-Junkie kann man seiner Droge nicht abschwören und auf kalten Entzug gehen, denn einkaufen muss man.

Viele beschreiben den Handlungsablauf als eine Art Trance, in der sie nicht zu stoppen sind. Argumente von Aussenstehenden oder Selbstkontrolle greifen in dem Zustand nicht mehr. Im Kaufrausch schmecken das Sichten des objet du désir, das Zücken des Portemonnaies und das Raustragen der Beute wie prickelnder Champagner. Der Kater danach ist schlimm. Die Tat belastet nicht nur das Budget. Sie drückt auch schwer aufs Gemüt. Der Kontostand lässt einen das Ausmass in Zahlen lesen. Zudem gefährdet jeder Anfall die Beziehung zum engen Umfeld. Angehörige werden oftmals um ihre Geduld, ihr Vertrauen sowie ihr Geld gebracht. Ein Grossteil der Shopaholics verstecken darum die Waren zu Hause vor dem Partner oder der Familie. Oder sie verschenken sie, um das schlechte Gewissen ein bisschen zu beruhigen. Die Emotionen laufen stets nach dem gleichen Schema ab: Zuerst wird irgendein Grund gesucht, etwa «Das habe ich mir verdient», «Ich bin traurig und brauche einen Lichtblick», «Das muntert mich auf», «Solch ein Angebot kommt nie wieder», «Was für ein Schnäppchen!». Von Stress über Einsamkeit, Ärger, Frust bis zu grosser Freude kann alles als Argument dienen. Zusammengefasst rechtfertigen Konsumwütige sich damit, weil sie sich gut oder besser fühlen wollen. Gibt derjenige dem Kaufimpuls nach, wird er sofort mit Euphorie belohnt. Der Adrenalinkick lässt das Herz höher schlagen, die Endorphine tanzen und man ist high. Auf das Hoch folgt der Fall ins seelische Tief. Man schämt sich, ist enttäuscht über seine Schwäche, geplagt von Schuldgefühlen, hat Angst, hasst sich selbst. Die Erkenntnis, dass eine innere Leere weder bei Gucci noch bei Prada, Louis Vuitton oder Chanel gefüllt werden kann, ist erschreckend. Die finanzielle Notlage, in die sich viele reinmanövrieren, auch. Klar, dass sie so schnell wie möglich aus dem Horror raus wollen. Und wie fühlt sich ein Shoppingsüchtiger besser? Indem er einkauft ...

Zwar gilt die Störung als typisch weiblich, aber das ist offenbar ein Klischee. Diverse Studien stellen keinen signifikanten Unterschied fest zwischen den Geschlechtern. Männer wie Frauen sind ungefähr gleichermassen von der Sucht betroffen. Die Dinge, die sie shoppen, unterscheiden sich allerdings. Männer greifen zu Sportartikeln, elektronischen oder technischen Geräten, Autozubehör, Antiquitäten. Frauen zu Kleidung, Accessoires, Schmuck, Haushaltswaren, Beautyprodukten. Gerade Frauen mit geringem Selbstwertgefühl versuchen, das Defizit mit Unmengen an schönen Kleidern und Kosmetika zu übertünchen.

Eine wesentliche Rolle spielt das Alter: je jünger, desto gefährdeter. Jugendliche und junge Erwachsene gewinnen dadurch Anerkennung und Bestätigung. Shoppen gilt unter ihnen als typische Freizeitbeschäftigung oder gar Hobby. Zudem erliegen sie stärker den Verlockungen der Werbung. Weitere Parameter: Menschen mit pathologischem Kaufverhalten orientieren sich stark an materiellen Werten. Die meisten haben eine weitere psychische Erkrankung, etwa Depression, Workaholismus, Magersucht, eine Zwangs-, Angst- oder bipolare Störung.

Wie nun dem Impuls standhalten und eine vernünftigere Entscheidung treffen? Dazu müssen Betroffene wissen, welche Situationen den Konsumwahn auslösen können, um sie rasch zu identifizieren und gegenzusteuern. Häufig will man einer inneren Unruhe entfliehen und erhofft sich Entspannung (die kurzfristig auch eintritt). Darum sind Alternativen wichtig, wie sich derjenige auf anderem Wege befriedigt und ausgefüllt fühlt. Der Leitfaden sind die eigenen Bedürfnisse: Was brauche ich wirklich? Was fehlt mir, ist es Zuwendung, Selbstbestätigung, eine sinnvolle Aufgabe, Erholung? In einer Gruppentherapie lernen Betroffene, mit welchen Mitteln sie Frust und Stress vermeiden beziehungsweise lösen können. Und wie sie den Kreislauf unterbrechen, stehen sie erst mal im Laden. Nämlich mit Fragen: Warum bin ich hier? Wie geht es mir? Brauche ich das wirklich? Was passiert, wenn ich warte? Habe ich genug Geld dafür? Wo bewahre ich das Teil auf? Auch ein probates Mittel ist, die Ware zurücklegen lassen und darüber schlafen. Um gar nicht erst in Versuchung zu kommen, Kredit- und Kundenkarte irgendwo deponieren und nur mit Bargeld und Einkaufszettel losgehen, eventuell den Dispositionskredit runtersetzen lassen, in Begleitung einkaufen. In der Gruppentherapie lernen Menschen mit pathologischem Einkaufsverhalten zudem, wie dieses normalerweise ablaufen sollte, sowie den Umgang mit Geld. Viele haben geradezu ein naives Verhältnis dazu. Wer sich verschuldet hat, sollte eine Schuldnerberatung aufsuchen (gibt es kantonal, überregional, online) oder zumindest einen in Finanzdingen versierten Bekannten um Hilfe bitten. Prioritäten setzen: Zuerst die Fixkosten sowie kleinere Rechnungen begleichen und für grössere Beträge Ratenzahlungen oder einen Aufschub abmachen. Sich nicht tot stellen und die Mahnungen ungeöffnet zum Berg anwachsen lassen, sondern mit den Gläubigern sprechen, um Betreibungen zu vermeiden. Mit dem Steueramt verhandeln. Keinen Kredit aufnehmen. Einen Plan für die Rückzahlungen erarbeiten und akkurat einhalten, am besten kontrolliert von demjenigen, an den man sich hilfesuchend gewandt hat.

Irgendwann ist es auch nötig, in die Tiefe zu gehen, um Ursachenforschung zu betreiben und die Gründe für die Sucht zu finden. Es können zum Beispiel frustrierende Arbeitsbedingungen, eine schwierige Beziehung, Konflikte mit den Eltern, eine innere Leere, ein geringer Selbstwert dahinterstecken. Nicht selten reichen die Gründe bis in die Kindheit zurück. Es gab Geschenke für gute Leistungen, fürs Bravsein oder weil vielleicht ein Elternteil ständig abwesend war und seine Zuwendung auf diesem Weg zeigte. Viele Kaufsüchtige haben nie gelernt, sich mit Konflikten auseinanderzusetzen, und lenken sich so ab. Oft basiert der Drang zum Konsum auf einem früh zugrundegelegten Minderwertigkeitskomplex. Eine Verhaltenstherapie lehrt, wie man sich mit Ersatzbeschäftigungen ablenkt, Konflikte anspricht und woanders Selbstbestätigung herholt. Gemeinsam werden Strategien erarbeitet, den Zustand zu verbessern und mit Freude ein normales Shoppingerlebnis geniessen zu dürfen.

Ezgi Cinar: Wenn Einkaufen zur Sucht wird

Wer sich traut, in Underground-Clubs in Valentino-Couture zu tanzen, die jeweils aktuellen Kollektionen rückwärts deklinieren kann, noch bevor sie einen Flagshipstore von innen gesehen haben, und ein Näschen für neue Labels hat, der hat sich den Titel Fashionista verdient. Ezgi Cinar ist eine Erscheinung. Der Kommunikations-Expertin ist es mit zu verdanken, dass Zürich Modestadt ist. Zudem ist die 36-Jährige eine Meisterin des Selbstporträts. Auf Instagram folgen ihrer Vision von Mode rund 30 000 Follower.

Sie kennen doch das Szenario. Man steht vor dem Schrank und denkt: Ich habe nichts anzuziehen. «Bei mir war das schon mit vierzehn so», sagt Ezgi Cinar. Dabei war ihr Schrank riesig und die Auswahl darin ebenso. Als sie fünfzehn wurde, jobbte sie mittwochnachmittags und samstags in der «Zwinglihalle» – damals DER Jeans-Store in Zürich – im Verkauf, damit sie sich Kleider leisten konnte. Ein richtiger Drang wurde das Shoppen als Teenager in der Schule mit ihrer besten Freundin. Die Mädchen gingen viel aus und hatten das Image, supermodisch angezogen zu sein. Sie fielen auf. «Das hat uns unter Druck gesetzt, immer etwas Neues zu zeigen. Wir waren jeden zweiten Tag zusammen im H&M. Da kosteten die Teile 19.90 Franken oder 29.90. Ständig hatte ich das Gefühl, ich will das haben. Dann hatte ich das Teil ein Mal an und es war schon wieder uninteressant, lag einfach daheim rum», schildert Ezgi Cinar. An ihr erstes Mal in einem Trois-Pommes-Store erinnert sie sich noch gut. Sie war siebzehn. «Ich hatte mich in dunkelviolette Lederhosen von Costume National um 1650 Franken verliebt. Als ich sie kaufte, war das ein unbeschreibliches Gefühl zwischen Stolz, etwas sehr Spezielles zu besitzen, und einer aufkeimenden Leidenschaft für Einzigartiges. Ich habe die Hosen heute noch und ziehe sie auch noch an.»

Als sie anfing, mehr Geld zu verdienen mit Anfang zwanzig, kaufte sie eine Zeit lang exzessiv ein. Einfach alles, was ihr spontan gefiel, ohne nachzudenken. «Es war krass, ich hatte viele Sachen, an denen immer noch das Etikett hing, als ich sie in einen Secondhandshop brachte, an eine Freundin verschenkte oder in die Altkleidersammlung gab. Ich wollte sie gar nie anziehen», gesteht sich Ezgi Cinar ein. Das war der springende Punkt. Also dachte sie sich einen Plan aus: Inzwischen überlegt sie, ob sie ein neues Stück mit mindestens fünf Sachen aus ihrer Garderobe kombinieren kann. Falls nicht, kauft sie es nicht. «Was ich auch nicht mehr mache, ist Frustshopping. Alles, was ich im Frust erstanden habe, bereitet mir keine wirkliche Freude. In dem Moment heitert es mich zwar auf, aber kaum bin ich zu Hause, kommt das schlechte Gewissen, etwas gekauft zu haben, nur weil ich schlecht gelaunt war», sagt sie.

«Ich habe keine reichen Eltern und finanziere mir seit jeher alles selber. Ich habe mich nie in eine ausweglose Situation manövriert, aber am Ende des Monats war nie Geld auf dem Konto. Ich hatte kein Polster; wäre etwas passiert, wäre ich blöd dagestanden», sagt Ezgi Cinar selbstkritisch. Früher hat sie tütenweise Ware heimgeschleppt. Heute sind es sehr exklusive Stücke. Früher ging sie jeden zweiten Tag shoppen, heute manchmal nur einmal im Monat, dafür richtig teuer. «Mein Hauptansporn war und ist, anders auszusehen als die anderen», sagt sie. Beim Preis greift mittlerweile ein selbst auferlegtes Warnsystem: «Meine Schmerzgrenze sind 1000 Franken.» Darunter überlegt die Fashionista nicht, sondern schlägt einfach zu. Ab 1000 Franken hat sie sich angewöhnt, es sich durch den Kopf gehen zu lassen. «Oft bin ich hin und weg von einem Teil im Laden. Aber ich lasse es zurücklegen und schlafe drüber, und wenn es am nächsten Tag immer noch in meinem Kopf ist, quasi schon in meinem Kleiderschrank hängt, dann kaufe ich es.» Das Gefühl des Kaufens ist euphorisierend. «Man steht in der Boutique und ist wie in Trance. Der Kick hält an, bis ich ein Kleid zum ersten Mal anhabe. Danach ist es uninteressant», sagt die schöne Frau. Das ging manchmal so weit, dass sie es bereits, als sie zu Hause war, nicht mehr anziehen wollte. Die Ware zurückzubringen, wäre aber nie infrage gekommen. Das Geld ist eh schon ausgegeben. «Ich bin auch niemand, der umtauscht. Dafür habe ich zu lange selber im Verkauf gearbeitet; die Leute, die ständig umtauschen, nerven gewaltig. So will ich nicht sein. Es würde ja auch nichts ändern: Die Gefühle des Kaufrausches sind schon abgelaufen», so Cinar. Das Extravaganteste in ihrer Garderobe ist ein Haute-Couture-Kleid von Valentino. Das hat sie allerdings geschenkt bekommen zum 31. Geburtstag. Es ist einer ihrer ewigen Favoriten!

Zum Shoppen fand Ezgi Cinar immer einen triftigen Grund: Frust, Belohnung, um eine Leere zu füllen, Langeweile, gute Laune, ein Event ... Dass ihr eigentlich alles als Anlass dienen konnte, dessen war sie sich sehr früh bewusst. «Ich ging mit neunzehn zu einem Psychiater, weil ich herausfinden wollte, warum ich diesen Drang habe. Das Allererste, was er mich fragte, war, wie viel ich wiege. Er ging gar nicht auf meine Angelegenheit ein, weswegen ich zu ihm gekommen war, sondern nur auf mein Körpergewicht. Im Nachhinein betrachtet verstehe ich ihn ein bisschen besser. Er dachte wahrscheinlich, dass mein Gewicht etwas mit meinem Shoppingzwang zu tun hat. Irgendwann lud er mich zum Essen ein. Da habe ich mir einen anderen gesucht», erinnert sie sich. Da lief es ähnlich ab. Auch er machte ihren Körper zum Thema. Letztlich wechselte sie zu einer Frau – wieder die gleiche Story. Also entschied sie, die Übung abzubrechen. «Mein Gewicht ist wirklich kein Problem, das man mit Psychotherapie lösen kann. Ich bin seit meiner Kindheit so dünn. Damals hatte ich die Selbstsicherheit noch nicht zu sagen: ‹Ich bin, wie ich bin.› Ich hätte mir gewünscht, fünf, sechs Kilo mehr drauf zu haben, und habe alles dafür getan. Ich war bei unzähligen Ärzten und weiss, warum ich nicht zunehme: Ich habe Diabetes 2 zusammen mit dem Stoffwechsel eines Hochleistungssportlers. Ich muss Medikamente nehmen, um überhaupt ein bisschen zuzulegen. Das habe ich den Therapeuten auch gesagt, aber sie haben es mir natürlich nicht geglaubt. Das verstehe ich eigentlich auch. Wer eine Essstörung hat, versucht, diese meist zu verschleiern, und steht nicht dazu.»

Danach hat sie selbst probiert herauszufinden, wie sie ihre Defizite ausgleichen kann, ohne dem Kaufimpuls nachzugeben. Ist Ezgi Cinar heute traurig, shoppt sie gar nicht mehr. «Ich fing an, mich vor den Sachen zu ekeln!», erklärt sie. Stattdessen arbeitet sie oder liest. Sie muss mit der Traurigkeit allein sein und will nicht unter Leute gehen. «Ich kann unangenehm werden, wenn ich schlecht gelaunt bin, und ich möchte nicht, dass andere das abkriegen. Fühle ich mich leer, warte ich, bis es vorbei ist.» Heute, mit 36, weiss sie, dass nichts ewig dauert. Liebeskummer zum Beispiel ist früher ein Riesendrama gewesen. Jetzt ist es immer noch schlimm, aber sie weiss, in einiger Zeit wird sie darüber lachen, weil sie diese Situation schon mal erlebt hat. Zur Belohnung kauft sie sich noch manchmal ein schönes Stück, wenn sie eine sehr gute Arbeit abgeliefert und genug dabei verdient hat. Das sind auch ihre Lieblinge. Diese würde sie nie weggeben, weil hinter ihnen eine Leistung steht.

Als Problem hat Ezgi Cinar die Sucht nie umschrieben, sondern als Eigenheit. «Problem hört sich so an, als wolle man es loswerden. Und ich will es gar nicht loswerden. Diese Impulsivität in vielen Bereichen gehört zu mir. Das hat sicher negative Seiten, aber genauso positive.» Das Ganz-oder-gar-nicht-Prinzip ihrer Persönlichkeit bedingt, dass sie vieles exzessiv betreibt, bis zur Sucht: «Ich kann nicht einen Samstag in den Ausgang, sondern feiere jedes Wochenende durchgehend. Oder ich gehe phasenweise gar nicht aus. Ich kann nicht nur rauchen zum Kaffee oder wenn ich Alkohol trinke. Ich rauche die ganze Zeit. Mir ist dieser Wesenszug bewusst. Darum weiss ich auch, bei welchen Substanzen ich die Grenze ziehen muss», sagt sie.

Über die Gründe dieser Süchte hat sie viel nachgedacht. Der Ursprung ihrer Schwächen – wie auch der Stärken – liegt weit zurück. Ab circa neun Jahren hat sie angefangen, sich selbst zu erziehen. Die Eltern waren beide politisch aktiv. Sie waren politische Flüchtlinge aus der Türkei. Mindestens ein Elternteil war nie da. Ezgi Cinar hat zwei jüngere Brüder und war eigentlich für alles zuständig. Anstatt Aufmerksamkeit und Zeit gab es von den Eltern Belohnungen. Sie zeigten ihre Zuneigung mit Geschenken. Hatte sie im Zeugnis einen Sechser, durfte sie sich aussuchen, was sie wollte. Obwohl sie bei ihrer Tochter Mya-Chloé, 13, das Muster nicht wiederholen will, ist sie dankbar für das Erlebte. «Man kann nicht sagen, wo ich heute stünde, wäre ich anders aufgewachsen, aber ich bin gern da, so wie ich bin. Trotzdem mache ich es bei meiner Tochter anders. ‹Wenn du brav bist, kriegst du ein Glace›, hat sie von mir nie gehört. Sie kriegt etwas, wenn ich das Gefühl habe, es ist okay. Oder ich schenke ihr einfach so etwas. Nicht fürs Bravsein oder für Leistung. Es soll selbstverständlich sein, dass sie gute Noten hat. Ich will es besser machen als meine Eltern.»

Ezgi Cinar war mit dem Vater ihrer Tochter sechs Jahre verheiratet. Ihr Einkaufsverhalten hat alle ihre Beziehungen belastet. «Ich hatte die letzten zehn Jahre immer Partner, die mir auch schöne Sachen geschenkt haben. Allerdings wollte ich keine Präsente mehr akzeptieren, die ich mir nicht selber kaufen kann. Ich muss mir das auch leisten können – die Gewissheit ist mir wichtig, um nicht davon abhängig zu werden», analysiert sie. Hätte sie diese innerliche Grenze nicht, würde sie mehr und mehr erwarten: «Ich möchte ja nicht einen Cartier-Armreif, sondern zehn ...» Alle Partner haben sie auf ihren

Shoppingwahn angesprochen. Es sei ja egal, ob sie 5000 Franken im Monat verdiene oder 20000. Am Ende des Monats ist das Konto leer. Darum haben sie oft geredet und zum Beispiel Limite vereinbart. Käme denn ein sparsamer Mann, der kein Faible für Mode hat, für sie überhaupt infrage? Ezgi Cinar überlegt. Zumindest muss er ihre Eigenheit akzeptieren und darf kein Sparfuchs sein. «Ich stehe nur auf Männer, die extrem ehrgeizig sind. Das ist mein Beuteschema. Ehrgeizige Menschen wollen immer etwas erreichen – auch eine Art Sucht, die in eine ähnliche Richtung geht», sagt sie. Und wie geht ihr Freundeskreis mit dem überbordenden Einkaufsverhalten um? «Meine engsten Freundinnen lieben Mode und gehen gern einkaufen. Sie verstehen mich und machen mir keine Vorwürfe. Klar sagen sie ab und zu: ‹Ezgi, das ist das dritte Paar Turnschuhe von Dior, findest du nicht, es reicht?› Aber das erwarte ich auch von einer Freundin», so Cinar. Am Ende nützt nur, wenn sie etwas ändern will. Niemand sonst kann ihr helfen, weil sie sich nicht kontrollieren lässt. Sie kontrolliert sich selbst schon genug. Um alle Impulse in den Griff zu kriegen, hat sie eine Kontrollsucht entwickelt. Hinzu kommt Workaholismus: Früher arbeitete die Kommunikationsexpertin 70 bis 80 Stunden die Woche. Schliesst sie ein grosses Projekt ab und die letzte Sekunde ist erreicht, ist sie happy. Am nächsten Tag kommt der tiefe Fall, weil alles auf einmal weg ist, die Leute, die Aufgabe, der Inhalt, das Ziel, das Adrenalin. Früher hat sie das Tief gleich mit dem nächsten Auftrag ausgefüllt. So schlitterte sie vor drei Jahren fast in ein Burn-out. «Ich war durchgehend am Arbeiten und körperlich und geistig so müde, dass ich jeden zweiten Sonntag an den einzigen zwei freien Tagen im Monat je 24 Stunden geschlafen habe. Ich hatte keine Freunde mehr, keine Freizeit, nur Verpflichtungen. Mein damaliger Lebensgefährte hat mir auch gesagt, ich hätte ein Jahr lang nicht gelacht», sinniert sie. Darum nimmt sie sich inzwischen bewusst eine Auszeit vor jedem neuen Auftrag.

Seit etwa zwei Jahren ist Ezgi Cinar sehr präsent auf den Sozialen Medien. Instagram und Co. helfen ihr dabei, ihre Shoppingsucht im Zaum zu halten. «Ich sehe die Mode jetzt auf Instagram ein halbes Jahr, bevor sie in die Läden kommt. Ich weiss, dass ein Kleid existiert, und kann es mir lange genug überlegen.» Die Gefahr von Spontankäufen ist so eingeschränkt. Ihr eigener Instagram-Account erlaubt es der Fashionista auch immer mehr, ihr Hobby zum Beruf zu machen. Er ist kontrolliert und inszeniert. Darauf stellt sie Kleider,

Accessoires, Schmuck, Schuhe, Kunst und Sprüche und wurde dadurch im Business bekannter, was ihr neue Job-Optionen eröffnete. Die Bilder sind exakt nach ihren Vorstellungen gestaltet. Sie stellen eine Projektionsfläche dar, zu der sich jeder seine eigene Meinung bilden kann. Ihre Aktivität auf Instagram – sie postet dreimal täglich – sei keine Sucht. «Ich suche nicht nach Bestätigung von Leuten, die ich gar nicht kenne. Darum ist mein Account auch so authentisch, es interessiert mich gar nicht, ob mir einer folgt oder nicht. Nichtsdestotrotz ehrt es mich, wenn sich jemand von mir inspirieren lässt. Die Menschen, die meine Fotos sehen, haben das Gefühl, mich zu kennen. Aber sie kennen nur so viel, wie ich ihnen gebe. Ich steuere die Inhalte und baue mein Image auf», sagt die Businesswoman. Das ist Highfashion, Luxus und ein wenig Provokation. «Mein Beruf ist Brand Managerin und ich muss als Erstes ja mich als Brand verkaufen. Instagram bietet mir eine günstige und effektive Möglichkeit dafür.»

Auch heute hat Ezgi Cinar noch kein Polster auf dem Konto: «Ich habe auch nicht das Bedürfnis danach. Ich bin eine Macherin, verdiene nicht schlecht. Ich weiss, dass es immer irgendwie weitergeht.»

STECKBRIEF

Ezgi Cinar, 37, Brand Managerin und Fashion Consultant, wird von Marken und den Organisatoren einzigartiger Events als Managerin und Beraterin geschätzt. Die Zürcherin mit türkischen Wurzeln inszeniert ihre Leidenschaft für Mode viel beachtet auf Instagram.

MIGRÄNE

Es donnert und blitzt, pocht und stürmt, es tobt, als gäbe es kein Morgen mehr – und doch geht es irgendwann vorbei. Ähnlich einer Naturgewalt fühlt sich das Gewitter im Kopf an. Und ähnlich wie der Himmel Donnergrollen und Blitze als Vorboten sendet, kündigt es sich in der Regel an. Man hat Heisshunger auf Schokolade, fröstelt, ist plötzlich müde, gähnt andauernd, die Konzentration lässt nach. Oder man verspürt im Gegenteil einen regelrechten Kreativitätsschub und ist rastlos. Wer diese Zeichen richtig deutet, kann allenfalls rechtzeitig reagieren. Migräniker leiden oft jahrelang unter Attacken und wissen recht genau, was auf sie zukommt. Ein Anfall baut sich auf wie eine Welle. Häufig beginnt er mit einer Aura, worunter sensorische Wahrnehmungsstörungen diverser Art verstanden werden. Betroffene schildern, dass sie verschwommen sehen, Lichtblitze, ein Flimmern, Zickzacklinien oder auf einem Auge überhaupt nichts mehr. Sie spüren zum Beispiel ein Kribbeln auf der Haut oder gar keine Berührungen mehr. Manchen wird schwindelig, weil das Gleichgewichtsempfinden gestört ist. Andere haben Mühe, sich zu artikulieren. Das dauert in der Regel wenige Stunden. Angeraten wäre, bereits jetzt das passende Medikament zu nehmen. Auch Entspannungstechniken können helfen, den Anfall in Schach zu halten. Obwohl die meisten Menschen, die unter Migräne leiden, eigentlich wissen, dass es am wirksamsten ist, eine Tablette bereits bei den ersten Anzeichen zu nehmen, warten sie zu. Sie hoffen halt bis zuletzt, dass sie sich irren. Dass vielleicht doch kein Anfall kommt. Dass sie heute verschont bleiben. Und man will seinen Körper auch nicht unnötig mit Medikamenten vollstopfen. Aber es wäre besser! Wartet man nämlich zu lange, rollt schon die nächste Phase an: ein pulsierender, pochender Schmerz, der sich bei Bewegung verschlimmert. Entweder tritt er nur auf einer Kopfseite auf, oder er zieht sich vom Nacken her über die Schläfe bis zur Stirn, um sich dort einzunisten. Er bringt eine extreme Licht-, Geruchs- und Lärmempfindlichkeit mit und setzt einen in der Regel körperlich wie geistig ausser Gefecht. Es fällt einem sogar schwer, sich aufrecht zu halten. Am meisten Linderung bringt, sich in einem verdunkelten, kühlen Raum hinzulegen. Der Kreislauf ist im Keller, und an Essen und Trinken ist nicht zu denken. Die kleinen Mengen, die man zu sich nehmen kann, werden wieder erbrochen. Der Rapper Kanye West etwa musste sogar mal während einer Konzerttournee ins Krankenhaus eingeliefert werden, weil ihn eine Migräne-Attacke umgehauen hatte und er Schmerzmittel nur noch per Infusion verabreicht bekommen konnte.

Die einzig gute Nachricht: Jede Attacke geht irgendwann vorbei. Auch wenn das bei einer Dauer von mehreren intensiven Stunden bis zu fünf Tagen kaum vorstellbar scheint. Bis zu zwei Tage danach mag der Körper noch nicht wirklich wieder fit sein. Man fühlt sich müde und erschöpft, ein bisschen wie nach einem Marathonlauf oder einem harten Wettkampf. Sogar Muskelkater kann auftreten, weil sich der Körper in der Schmerzphase so anspannt und verkrampft. Gleichzeitig ist man glücklich, endlich wieder am normalen Leben teilhaben zu können, und geniesst die schmerzfreie Zeit umso bewusster. All diese Empfindungen machen die Erholungsphase aus. Die schöne menschliche Eigenschaft, zu verdrängen und Schlechtes schnell zu vergessen, ist hier ein zweischneidiges Schwert. Wer nämlich nichts kontrolliert unternimmt, riskiert, dass sich ein Schmerzgedächtnis bildet und die Krankheit chronisch wird. Die falschen Mittel zu häufig eingenommen, das heisst öfter als zehn Mal pro Monat, können selbst wiederum Kopfschmerzen hervorrufen. Eine Einbahnstrasse! Die Schulmedizin mag derzeit mit Botox-Injektionen, Triptanen zur Akutbehandlung und diversen Medikamenten zur Prophylaxe heraushelfen.

So unterschiedlich wie die Dauer und Intensität einer Attacke, so divers sind ihre Auslöser. Fakt ist, das viel gescholtene Wetter ist selten schuld. Sogenannte Trigger veranlassen, dass in kurzer Zeit zu viele Nervenbotenstoffe freigesetzt werden. Das Gehirn missinterpretiert diese als Vergiftung und aktiviert Schutzreflexe, zum Beispiel Übelkeit und Erbrechen. Stress ist ein weitverbreiteter auslösender Reiz. Oft tritt Migräne aber gerade nach einer Anspannung auf, nämlich dann, wenn der Druck abfällt, die Konzentration nachlässt, man sich nicht mehr im Griff haben muss – und loslässt. Veränderungen im Schlafrhythmus, hormonelle Schwankungen – etwa der Eisprung, die Menstruation, eine Schwangerschaft –, aber auch das

Glas Rotwein am Abend, ein paar Tassen schwarzer Kaffee oder der Verzehr von Milchprodukten gelten als bedenklich. Das Tückische ist, dass solche Auslöser aber nicht zwingend nötig sind, da ein Anfall auch spontan auftreten kann.

Ob einst Maler Vincent van Gogh, der Vater der Psychoanalyse Sigmund Freud, Elvis Presley, der King of Rock'n'Roll, oder die heutigen Hollywoodstars Jessica Alba und Ben Affleck, Tennis-Ass Serena Williams oder Topmodel Elle MacPherson: Sie litten und leiden an Migräne. In der Schweiz sind es etwa eine Million Menschen; rund drei Prozent der Bevölkerung sind deswegen in ärztlicher Behandlung. Die Ursachen liegen nach dem aktuellen Stand der Wissenschaft in den Genen sowie in Umweltfaktoren. Was können Patienten tun? Experten raten, ein Schmerztagebuch über mindestens einen Monat zu führen. Darin werden die Häufigkeit und Schwere eines Anfalls ebenso genau notiert wie die Begleitumstände – angefangen bei Ort, Zeit und Klima über das tägliche Menü bis zu sportlichen Aktivitäten, Streitereien oder Festen. Auch was man dagegen getan hat beziehungsweise wie gut oder schlecht es genützt hat. So wird der Leidensweg sichtbar. Und die Behandlung kann individuell massgeschneidert werden. Grundsätzlich tun gut: Entspannungstechniken, Yoga, Atemübungen, leichter Ausdauersport, Bewegung in der Natur, Kontinuität – keine Mahlzeiten auslassen, den Tagesablauf planen, gleicher Schlaf-wach-Rhythmus. Verschiedene Studien zeigen: Wer seine Kreativität entfalten kann, stellt eine Verbesserung der Migräne fest. Es gibt zwar keine spezielle Diät, die Migränikern das Leben erleichtern würde, aber eine gesunde Ernährung mit frischen Zutaten und ausreichend Flüssigkeit wirkt sich stets positiv auf den Organismus aus. Nahrungsergänzungsmittel wie Magnesium oder Vitamin B können unterstützend genommen werden. Manche schwören auf begleitende Therapien wie Akupunktur, Osteopathie, Craniosacral oder Fussreflexzonenmassage.

In der Homöopathie steht der Mensch in seiner Gesamtheit im Fokus, nicht der Kopfschmerz separat. Oft stellt man einen Zusammenhang mit anderen körperlichen Symptomen her. (Schmerzen auf dem Schädeldach deuten auf eine Magenübersäuerung hin. Sitzt der Schmerz eher im Auge, auf eine Entzündung im Eierstockbereich. Im Hinterkopf: auf Probleme mit der Galle. Breitet er sich vom Ohr nach aussen aus, könnte die Leber betroffen sein.) In der Behandlung werden die Selbstheilungskräfte aktiviert, und der Patient lernt, eigenverantwortlich besser auf sich zu achten. Ein Werkzeug, das ihm wunderbare Dienste erweisen kann, ist die Affirmation. Das ist ein positiv formulierter Spruch, mit dem man seine Gedanken umprogrammiert. Eine interessante und leicht zu handhabende Quelle hierfür sind die Bücher von Bestseller-Autorin Louise L. Hay. Intensiviert wird die Wirkung, indem man sich den gewünschten Zustand vor Augen führt und sich dabei schon voll und ganz gesund sieht und fühlt. Ein Versuch lohnt sich, man hat ja nichts zu verlieren ausser ein wenig Zeit – und seine Schmerzen.

Christina Surer hat sich mit der Migräne arrangiert

Ihr Job ist ein Synonym für Gefahr. Hinter dem Lenkrad eines Boliden mit 300 PS unter dem Hintern kann der kleinste Fehler fatal enden. Autorennfahrer müssen topfit sein, um nicht mehr zu riskieren als nötig. Christina Surer gilt als eine der erfolgreichsten Frauen der Branche. 1994 gab sie bei der Schweizer Kart-Meisterschaft ihr Debüt als Rennfahrerin, sie fuhr etwa im Ford Fiesta ST Cup das 24-Stunden-Rennen am Nürburgring oder die Seat León Supercopa. Die schöne Blondine, die auch als Model und Moderatorin arbeitet, leidet seit ihrer Kindheit an Migräne. Das Adrenalin, die Konzentration und eine gewisse Strenge zu sich selbst haben ihr ermöglicht, diese Karriere zu machen. Oft hat sie sich vor einem Rennen vor Kopfschmerzen übergeben. Dann hat sie den Helm aufgesetzt, ist eingestiegen und erst nach der Zielflagge hat die Attacke voll zugeschlagen. Die 41-Jährige lächelt, auch wenn ihr Lichtblitze vor den Augen die Sicht nehmen und ihr Kopf sie martert; als Moderatorin auf der Bühne genauso wie als Model vor der Kamera oder prominenter Gast an Events. Und natürlich auch daheim in Rosenheim, wo die gebürtige Baslerin mit ihrem Mann, dem Rennfahrer Martin Tomczyk, 33, und den zwei gemeinsamen Kindern lebt. – Als Mama muss man funktionieren.

«Ich erinnere mich noch an meine erste Migräne-Attacke. Das war im Alter von zehn Jahren auf einer Schulreise, wo ich so gelitten habe. Ich lag auf einer Bank, während die anderen gespielt und sich amüsiert haben», sagt Christina Surer. Rückblickend weiss sie nicht genau, wie oft sie als Kind diese Attacken hatte. Fix ist, dass sie sie seitdem begleiten. Schon damals war sie bei zig Ärzten, in der Therapie, probierte vieles aus, auch Homöopathie ... «Man versucht, eine Lösung zu finden, um diese Schmerzen zu lindern oder ihnen Herr zu werden. Und ich kann sagen, ich habe glaub alles probiert, was es gibt! Ich war sogar in Mexiko bei einem Wunderheiler und bei einem Swami in Indien.» Beim Medizinmann in Mexiko war sie sogar zweimal. Er verwendete eine Vitaminlösung, eine rote Flüssigkeit, von der er nicht genau verrät, was drin ist. Die träufelte er Christina Surer auf die Haut an verschiedenen Stellen, ein- bis zweimal am Tag, während zehn Tagen. Das verschaffte ihr

vier Monate Linderung. Zum Swami in Indien kam sie durch Mundpropaganda. Er war ein alter Mann in orangem Gewand. «Zur Behandlung legte er seinen Finger an meine Stirn, und ich hatte das Gefühl, er bohre ihn direkt in mein Gehirn. Was er genau gemacht hat? Keine Ahnung! Er gab mir noch ein Stück Wachs mit, das ich auflösen und trinken sollte. Danach ging es mir zwei Tage total schlecht. Und danach hatte ich vier Monate keine Schmerzen mehr», sagt Christina Surer.

Über die Ursache für die Migräne hat sich Christina Surer immer wieder Gedanken gemacht. In ihrer Familie war sie die Erste. Ihre Eltern hatten keine Migräne, nun aber auch zwei ihrer Geschwister. Sie trifft sehr viele Leute, die das gleiche Problem haben. «Wenn jemand zu mir sagt: ‹Oh, du hast Kopfschmerzen›, sage ich: ‹Nein, ich habe Migräne.› Das ist einfach nicht das Gleiche. Hat man Kopfschmerzen, nimmt man ein Paracetamol, und es ist gut. Oder man nimmt gar nichts, und es geht einem auch so bald wieder besser. Aber eine Migräne legt das ganze System flach.» Bei ihr äussern sich die Anfälle unterschiedlich. Wenn sie Glück hat, sind es nur leichte Schmerzen, die mit der passenden Tablette schnell wieder weg sind. Es kann aber Augenflimmern hinzukommen, dreimal hat sie auf einem Auge für ein bis zwei Stunden komplett nichts mehr gesehen. «Das macht schon Angst.» Daraufhin wurde sie auf einen Hirntumor untersucht, der sich «nur» als Migräne herausstellte. In Einzelfällen hatte sie am Handrücken, am Arm oder an der Wange kein Gefühl mehr. «Das sind die Extremformen», sagt Surer. «In der Regel muss ich mich erbrechen, mich hinlegen, es pocht und pulsiert vom Nacken her bis in die Stirn vor, an der Schläfe, ins Auge rein. Das Pochen und Stechen ist meist auf einer Seite; die kann wechseln. Ein Anfall dauert normalerweise ein paar Stunden, wenn ich etwas nehmen kann.» Sie weiss mittlerweile, welche Medikamente ihr helfen. Während der beiden Schwangerschaften hatte sie aber sehr harte Zeiten. «Da darf man ja nichts nehmen ausser einer gewissen Menge Paracetamol. Einen Anfall kriegt man damit nicht weg. Man fühlt sich wie auf einer Welle, die kommt und geht und kommt und geht ... Das hat sich des Öfteren über drei bis fünf Tage hingezogen. Danach war ich fertig, doch da musste ich durch. Bevor ich meinem Kind etwas Schlechtes zumute, stehe ich eine Attacke ohne Medikamente durch», sagt das Mami von Emily Grace, 2, und dem am 1. Juni 2015 geborenen Lio James tapfer.

Wie gingen solche Attacken, bei denen Betroffene (fast) ausser Gefecht gesetzt sind, und der riskante Job als Rennfahrerin zusammen? «Schwierig», gesteht Surer. «Man muss extrem konzentriert sein. Da hat Migräne eigentlich keinen Platz. Meistens konnte ich einen Anfall unterdrücken, und er schlug erst nach dem Rennen zu. Einige Male habe ich mich kurz vor dem Start auf der Toilette übergeben wegen der Migräne. Dann bin ich eingestiegen und gefahren. Am Lenkrad hat es mich aber nie beeinflusst, da war ich zu sehr fokussiert. Ich habe gelernt, damit umzugehen, und gelächelt, auch wenn es mir schwerfiel. Ich stand auch oft vor der Kamera für einen Moderationsjob, obwohl es mir schlecht ging. Man wird hart zu sich selbst, weil man keine andere Möglichkeit hat», sagt Christine Surer. Entweder bleibt man im Bett und ergibt sich der Migräne. Das bedeutet aber, auf vieles zu verzichten. Man müsste ja auch dauernd Termine absagen, was der Karriere nicht wirklich dient. Oder man beisst die Zähne zusammen. «Ich habe gelesen, dass Migräniker dafür bekannt sind, sehr ehrgeizig zu sein. Viele sagen sich: ‹Jetzt erst recht›, kämpfen sich durch und lassen sich nichts anmerken. Das ist bei mir der Fall.» Jemand, der sie allerdings gut kennt, schaut sie an und merkt, dass es ihr schlecht geht. Was sie sehr gut kann, ist einen Anfall unter Kontrolle zu halten, solange es nötig ist, etwa im Rennauto. «Wenn ich den Helm ablege, dann erst schlägt die Migräne zu und breitet sich voll aus. Genau in dem Moment, wenn der Druck weg ist und die Anspannung nachlässt. Bei mir war das oft am Sonntagabend oder Montag, weil das Wochenende voller Stress und Adrenalin war.»

Die Auslöser für eine Attacke sind bei Christina Surer vielfältig, ob Ernährung, Stress, Probleme, das Wetter ... «Aber ich habe auch unter denselben Voraussetzungen keine Migräne. Darum kann man bei mir echt nicht sagen, dass etwas Bestimmtes schuld sei.» Bei Stress, dem Verzehr von Nüssen, wenig Schlaf oder wenn ihr eine Kamera dauernd ins Gesicht blitzt, ist die Chance relativ gross, dass sie sensibel reagiert. Dies alles sind aber nur mögliche Auslöser und nicht die Ursachen. Es ist einfach eine Krankheit, die kommt und geht, wanns ihr passt. Und sie ist unheilbar. «Viele sagten mir, nach der Schwangerschaft sei die Migräne weg. Pustekuchen. Ich hatte immer Phasen, wo es mir besser ging, und solche, wo ich es faustdick zurückbekam.» Im Schnitt sucht sie sie ein- bis zweimal pro Woche heim. Zwei Wochen ohne gibt es auch. Man muss sich damit arrangieren. «Totalen Blödsinn» findet Surer die Ansicht, Migräne habe psychische Ursachen und man müsse zur Psychotherapie. «Das ärgert mich, weil es so rüberkommt, als sei man ein Stück weit selber schuld. Dabei ist es eine Krankheit ähnlich der Epilepsie, und Anfälle sind auch im Röntgenbild nachzuweisen. Ich habe Migräne, seit ich zehn bin, und hatte verschiedene Lebensstile, einen geregelten Job im Büro, viele Reisen, stetere Phasen, ich lebte hier und dort – und litt immer daran.» Sie hat nicht mehr oder weniger psychische Probleme als andere und fühlt sich sogar als sehr glücklicher Durchschnitt. Allerdings kann die Migräne zu psychischen Problemen führen, weil die chronischen Schmerzen Betroffene fertigmachen. «Wenn ich mehrere Tage am Stück gelitten habe, werde ich dünnhäutiger. Nach fünf Tagen schon leicht depressiv. Die Schmerzen zermürben einen. Aber ich kann sehr rasch das Negative vergessen und verdrängen. Liegt der Anfall zwei Tage hinter mir, bin ich wieder glücklich und lebe richtig auf», sagt sie.

Ohne ihre Tabletten geht die 41-Jährige nie aus dem Haus. Sie nimmt dreierlei: Motilium und Voltfast, wenn sie merkt, es fängt an. Wird es stärker, eine zweite Tablette. Hilft das nicht, ein Relpax. Bei Migräne blockiert der Magen, er geht in eine gelähmte Stellung, Motilium bewegt den Magen wieder, dass er normal arbeitet und die Medikamente besser aufnimmt. Und es schützt ihn. «Ich bin schon oft zum Arzt gegangen mit einem riesigen schlechten Gewissen, weil ich in letzter Zeit so viel Medikamente genommen habe. Ich hatte Angst, dass das Schäden hinterlässt. Der Arzt beruhigte mich, er meinte, Medikamente seien nicht vom Teufel gemacht, sondern dafür, um zu helfen. Ein heftiger Schub ist viel schädlicher als das richtige Medikament, das sofort wirkt und diesen verhindert.» Es gab Anfälle, da musste sie ins Krankenhaus, weil sie es nicht mehr aushielt. Dort bekam sie eine Infusion mit einem Schmerzmittel direkt in die Venen, weil sie gar keine Pille mehr hätte schlucken können. «Zum Glück kann ich mir die Behandlungen leisten. Es ärgert mich zwar, dass vieles so teuer kommt, aber es ist gut investiertes Geld. Und wenn ich sparen muss, kaufe ich mir halt etwas nicht», sagt Christina Surer.

Die Krankheit hat sie bewusster gemacht gegenüber den kleinen Dingen des Lebens. «Ich geniesse die Zeit, in der es mir gut geht, denn plötzlich kommt es wieder anders. Ich sehe die Migräne als einen Teil von mir an und hadere nicht mit dem Schicksal. Die Fragen ‹Warum habe ich das? Warum ich?› stelle ich mir gar nicht. Keine Ahnung, warum! Andere haben andere Probleme», sagt sie. Ihr Mann, der deutsche Rennfahrer Martin Tomczyk, hat viel Verständnis für die Situation seiner Frau. «Der Partner leidet immer mit. Jedoch versuche ich, die Familie damit nicht zu sehr zu belasten. Ist es wirklich sehr schlimm, sagt er natürlich: ‹Leg dich hin, ich kümmere mich.› Aber als Mama muss man funktionieren. Da darf man nicht krank sein!»

STECKBRIEF

Christina Surer, 41, gibt seit ihrem Debüt 1994 als Rennfahrerin Gas, unter anderem bei der Seat León Supercopa. Die gebürtige Baslerin lebt mit ihrem Mann, dem deutschen Rennfahrer Martin Tomczyk, und den gemeinsamen Kindern Emily Grace, 2, und Lio James (kam im Juni 2015 zur Welt) in Rosenheim.

KIND MIT LIPPEN-KIEFER-GAUMEN-SPALTE

Alles ist parat. Die Wände sind rosa gestrichen. Die Strampler und Mützchen liegen gefaltet in der Kommode. Der Kinderwagen steht im Flur geparkt. Und die Stofftiere warten im Gitterbett auf den neuen Erdenbewohner. Das Baby kommt! Doch in die Vorfreude mischt sich ein herber Beigeschmack. Seit einer Ultraschalluntersuchung im vierten Monat wissen die werdenden Eltern, dass ihr Kind mit einer Lippen-Kiefer-Gaumen-Spalte auf die Welt kommen wird. Ein Schock!

Die Lippen-Kiefer-Gaumen-Spalte gehört zu den häufigsten angeborenen Fehlbildungen. In der Schweiz sind pro Jahr circa. 100 bis 120 Neugeborene betroffen. Die Ursachen sind nicht vollständig bekannt. Mediziner nehmen eine Kombination aus genetischen, erblichen und äusseren Faktoren an. Gab es schon einen Fall in der Familie, ist die Wahrscheinlichkeit für ein neuerliches Auftreten erhöht. Ebenso können ein Sauerstoffmangel in der Schwangerschaft, Rauchen, übermässiger Alkoholkonsum oder ein Mangel an Folsäure einen Einfluss haben. Doch oftmals kann kein bestimmter Grund gefunden werden. Das Gesicht des Babys entwickelt sich im ersten Schwangerschaftsdrittel etwa von der siebten bis zur zehnten Woche, wenn die Gesichtswülste verschmelzen. Erfolgt dieser Prozess nicht vollständig, gar nicht oder reisst das Gewebe wieder auf, entstehen sichtbare Spalten. Zwischen der zehnten und zwölften Woche wachsen die Gaumenfortsätze zusammen, und es entstehen der harte und der weiche Gaumen mit dem Zäpfchen. Eine Problematik während dieses Vereinigungsprozesses zieht eine Gaumenspalte nach sich. Die Lippen-Kiefer-Spalte und die Gaumenspalte sind demnach zwei getrennte Entwicklungsstörungen, wobei sie oft nebeneinander einhergehen. Bereits ab der vierzehnten Woche ist solch eine Anomalie im Ultraschall erkennbar.

Bei einem Baby mit einer Lippen-Kiefer-Gaumen-Spalte beginnt die Therapie schon in den ersten Tagen seines Lebens. In einem ersten Schritt fertigt der Arzt eine individuelle Gaumenplatte an, die den Atemweg vom Mund trennt und Voraussetzung dafür ist, dass es trinken kann. Beim Saugen legen Babys die Zunge in einem Reflex an die Spalte, wodurch die Nase verschlossen wird. Das gleichzeitige Trinken und Atmen – Säuglinge können das normalerweise – ist dadurch nicht mehr möglich, und sie müssen die Übung ständig unterbrechen, um Luft zu holen. Mit dem Gaumenplättchen passiert das nicht, sodass die Mutter ihr Baby stillen kann. Es erfordert einfach mehr Geduld und Zeit. Zusätzlich sollte mit dem Schoppen gefüttert werden. Einen Versuch ist es wert, den handelsüblichen Sauger mit einem Kreuzschnitt zu erweitern. Das Stillen ist neben dem engen Kontakt von Mutter und Kind auch wichtig für das Muskeltraining. Eine Stillberaterin weiss, welche Probleme auftreten können, und hilft dabei, diese zu lösen. Die erste Operation hat der kleine Mensch auch bald vor sich. Die Spalte muss in mehreren Schritten zugemacht werden. Im Alter von drei bis sechs Monaten werden die Lippen, der Oberkiefer und der weiche Gaumen geschlossen. Dabei verpflanzen Chirurgen ein Stück Rippe in den Kieferbereich. Dieses wächst an und verhält sich schliesslich wie ein heiler Kieferknochen. Der Verschluss des harten Gaumens folgt im Alter von etwa zwölf bis achtzehn Monaten, wenn das Kind anfängt, sich zu artikulieren. Beide Operationen bringen den Defekt wahrscheinlich allein in Ordnung. In der Regel wird später noch eine Korrektur des Naseneingangs vorgenommen. Aber auch danach ist eventuell noch der eine oder andere Eingriff notwendig, bis ins Erwachsenenalter hinein. Die Nase etwa darf erst dann plastisch korrigiert werden, wenn man ausgewachsen ist. Eine Fehlstellung der Zähne muss oft vom Zahnarzt oder Kieferchirurgen repariert werden. Darum wundert es nicht, dass ein ganzes Team von Spezialisten eng zusammenarbeitet, damit die Therapie zu einem optimalen Erfolg, sprich dem optimalen Ergebnis führt.

Es braucht Durchhaltewillen – vonseiten des jungen Patienten und der Eltern. Obwohl noch vor der Schulzeit die operativen, medizinischen Eingriffe die Basis dafür legen, dass die Fehlbildung optisch behoben wird und das Kind normal atmen, sprechen, hören und kauen kann, ist jedes halbe Jahr bis zur Pubertät eine Nachuntersuchung fällig. Dabei werden die Sprachentwicklung, das Oberkieferwachstum und das Hörvermögen überprüft. Ein Logopäde lehrt das Kind, richtig zu artikulieren – häufig hat es Schwierigkeiten mit den K-Lauten und dem Sch. Generell könnte die Sprachentwicklung durch schlechtes Hören gestört sein. Nicht zu unterschätzen ist die psychische Belastung durch die Fehlbildung. Die Eltern plagen nach dem ersten Schock

Ängste und Sorgen: Ist mein Kind normal? Wird mein Kind akzeptiert werden? Kommt es in der Schule mit? Im Leben zurecht? Und sie machen sich Selbstvorwürfe. Aber die Frage «Was haben wir falsch gemacht?» bringt nichts. Gegenseitige Schuldzuweisungen ebenso wenig. Denn niemand hat Schuld! Sie belasten nur eine Beziehung, die doppelt und dreifach stark sein sollte, weil die Familie jetzt Geborgenheit braucht. Ein Psychologe oder Psychotherapeut hilft in solch einer Situation. Er weiss, dass die Eltern bei der Verarbeitung unterschiedliche Phasen durchlaufen und dass all die hereinströmenden Gefühle – Ärger, Wut, Verzweiflung, Trauer, Freude – Platz haben. Er zeigt ihnen neue Perspektiven auf und unterstützt sie dabei, Bewältigungsstrategien für ihre Probleme zu entwickeln. Grundsätzlich beruhigen Informationen, die man in Gesprächen mit Ärzten, Hebammen, Beratungsstellen, anderen Betroffenen sammeln kann. Sie vermitteln Sicherheit und helfen zu verstehen.

Dem Kind gegenüber ist es wichtig, es in seiner Andersartigkeit zu akzeptieren. Die Fehlbildung darf nicht verleugnet oder verharmlost werden, aber auch nicht im Mittelpunkt stehen. Aussenstehende wissen oft nicht, wie sie sich verhalten sollen; sollen sie hin- oder wegschauen, nachfragen, Mitleid zeigen? Ein offener Umgang mit dem Thema und Aufklärung schon im Kindergarten oder an der Schule bringen am meisten. Die Begriffe Hasenscharte oder Wolfsrachen etwa, die früher gängig waren und die noch heute viele verwenden, gelten als diskriminierend. Das Kind sollte unbedingt das Gefühl haben, mit den Eltern über Kränkungen sprechen und sich ihnen mit allem anvertrauen zu können. Auch ihm mag ein Kinderpsychologe helfen, ein gesundes Selbstwertgefühl aufzubauen und mit den seelischen Belastungen umzugehen. Was, wenn sich die Eltern ein weiteres Kind wünschen? Bei gesunden Eltern und einem betroffenen Kind beträgt das Risiko etwa vier bis sechs Prozent, dass es auch mit einer Lippen-Kiefer-Gaumen-Spalte geboren wird. Vorbeugend kann die Frau rechtzeitig Folsäure einnehmen sowie die Risikofaktoren Rauchen und Trinken vermeiden und sich gesund mit ausreichend Vitaminen ernähren.

Studien machen Mut: Die Mehrheit der Betroffenen führt als Erwachsene ein Leben ohne Benachteiligungen und ist gut integriert in Beruf und Gesellschaft. Viele Kinder liegen mit ihren Schulleistungen sogar über dem Durchschnitt, weil sie einen enormen Lernwillen zeigen, vielleicht um ihr Defizit zu kompensieren. Und sogar die ganz grosse Hollywoodkarriere ist möglich, wie der Schauspieler Joaquin Phoenix eindrücklich beweist.

Sarina Arnold: ihr Leben als Mama

Bis heute weiss Sarina Arnold nicht, was der Auslöser war. In der siebten bis zehnten Schwangerschaftswoche, wo die Gesichtshälften des Embryos aufeinandertreffen, gab es irgendeine Störung. Eigentlich ist solch eine Fehlbildung im vierten Monat schon erkennbar, aber in ihrem Fall lag ihr Baby immer so, dass man nichts sah – bis zum siebten Monat. Es war an Dreikönig, als Sarina Arnolds Mann aus dem Blauen heraus fragte: «Was, wenn unser Kind eine Hasenscharte hat?» Er wusste selbst nicht, woher diese Sorge kam. Zwei Tage später hatte die werdende Mutter einen Arzttermin. Ihr Mann kam mit und fing wieder davon an. Der Arzt wollte konkret das Gesicht des Babys kontrollieren, aber es hatte dauernd die Hand davor. Er verwies die Frau ans Uni-Spital, wohin sie einen Tag später mit ihrer Mutter ging. «Da hat man es gleich gesehen. Es war ein Riesenschock! Ich weiss noch genau, wie ich auf dem Gynäkologenstuhl lag, über mir schwebte dieser riesige Bildschirm, auf dem alles überdimensional mittels 3-D-Scan erscheint. Für mich brach eine Welt zusammen», erinnert sich Sarina Arnold. «Wir hatten schon recht zu beissen an der Diagnose. Ich habe nur geweint.»

Die junge Frau und ihr Mann wurden zum Glück im Spital gut aufgefangen. Man zeigte ihnen gleich Bilder und informierte sie ausführlich. Das Paar brauchte eine Zeit, bis es realisierte und verstand, dass gerade ihr Kind eine Lippen-Kiefer-Gaumen-Spalte hat. «Auch wenn wir es ein paar Monate früher gewusst hätten, wäre es uns nicht unbedingt leichter gefallen. Aber ich bin froh, wurde ich nicht erst bei der Geburt damit konfrontiert. Wir konnten uns vorab schlaumachen», sagt Sarina Arnold. «Klar, hat es mich auch gehemmt und mir die Vorfreude genommen. In den Geburtsvorbereitungskursen waren alle so happy, wir waren auch happy, aber gedämpft; man weiss halt nicht, was einen erwartet.» Im siebten Monat wurde noch eine Fruchtwasseruntersuchung gemacht. Bei Kindern mit Lippen-Kiefer-Gaumen-Spalte ist es möglich, dass es auch Trisomie ist. Die beiden Komplikationen treten häufig gemeinsam auf, und das Kind wäre dann gar nicht überlebensfähig. «Wäre das der Fall gewesen, hätte ich wohl früh genug abgetrieben», sagt Sarina Arnold offen. «Das wäre eine ganz persönliche Entscheidung gewesen, die jeder für sich treffen muss.»

Eine der ersten Schwierigkeiten, die auftritt, ist, das Kind zu stillen. «Ich habe eine Tablette bekommen, damit ich gar nicht erst den Milcheinschuss habe, und Felice den Schoppen gegeben», sagt das Model-Mami. Die Kinder können nicht saugen, weil sie kein Vakuum bilden können. So musste sie ihrer Tochter die Milch in den Mund tröpfeln – bis die Kleine satt war, dauerte es immer sehr lange. Die erste Operation hatte Felice bereits sehr bald. «Da gibt es ganz verschiedene Möglichkeiten. In Zürich wird mit sechs Monaten der weiche Gaumen operiert, mit achtzehn Monaten nochmal und mit vierundzwanzig Monaten der harte Gaumen. In Basel wird mit vier Monaten alles zusammen gemacht: weicher und harter Gaumen sowie die Lippen. Dafür haben wir uns entschieden», erklärt Sarina Arnold. Der Eingriff dauerte von halb acht Uhr am Morgen bis sechs Uhr am Abend. Der Tag war der Horror für die Frau. «Ich habe geweint, war total angespannt», sagt sie.

Die Entwicklung von Kindern mit Lippen-Kiefer-Gaumen-Spalte verläuft parallel zu der von anderen Kindern. Sie haben aber mehr Probleme mit den Ohren, weil oft der Druckausgleich nicht funktioniert, was zu wiederholten Mittelohrentzündungen führen kann. Felice hatte oft Ohrenschmerzen und durfte nicht mit dem Kopf unter Wasser tauchen. Mittlerweile ist sie sieben und hat bereits drei Operationen hinter sich: mit vier Monaten die grosse. Mit vier Jahren, bevor sie in den Kindergarten kam, hat man ihre Lippen geformt sowie probiert, die Nase ein bisschen zu modellieren. Die muss man eher in Ruhe lassen, bis ins Erwachsenenalter. Dann kann man erst eine Nasenkorrektur beim Schönheitschirurgen vornehmen lassen. «Als meine Tochter geboren wurde, war ihre Nase ganz flach. Man gab ihr einen Gummi in die Nase mit einem Loch in der Mitte zum Durchatmen. Sie musste den Stöpsel immer tragen, was sehr unangenehm war», sagt Sarina Arnold. Bei der Operation letztes Jahr wurde ihr zu kurzes Gaumensegel verlängert. Bei den K-Lauten hatte sie deswegen Probleme gehabt. Die Arme konnte danach zwei Wochen nicht sprechen und kaum etwas essen. Die vielen Operationen und Krankenhausaufenthalte sind natürlich nicht einfach. «Ich habe gemerkt, wie belastend es für sie ist. Sie hat nach der ersten Operation sehr viel geweint. Beim zweiten Mal als Vierjährige hat sie schon realisiert, was passiert. Ich habe Doktor-Bücher gekauft, ihr erklärt, dass sie ins Spital muss», sagt Arnold. Nach der OP war Felice extrem aggressiv. Die Mutter ging mit ihr zur Osteopathie, was die Kleine wieder ins Gleichgewicht brachte. Sarina Arnold ist immer mit dabei. In den Operationssaal darf ein Elternteil, und wenn das Kind aufwacht, sind beide Eltern wieder da. Wenigstens muss man sich in der Schweiz keine finanziellen Sorgen machen, der Aufwand bei Geburtsgebrechen wird komplett übernommen, bis zur letzten Schönheits-OP. «Darüber können wir uns glücklich schätzen», so Sarina Arnold.

Jetzt geht Felice in die erste Schulklasse. Manche sehen gar keine Besonderheit, bis auf die Narbe an der Lippe. «Eltern sollten ihre Kinder darauf aufmerksam machen, dass wir alle verschieden sind; es gibt Dicke, Dünne, Kleine, Grosse, Blonde, Dunkle ... und man soll alle so akzeptieren, wie sie sind. Diskriminierung wäre dann kein Thema mehr», sagt das Model. Diese Einstellung gibt sie auch ihrem Kind weiter. «Einmal haben ihr drei Buben gesagt, sie sei behindert. Das hat ihr wahnsinnig wehgetan. Manche Kinder wissen gar nicht, was sie anrichten. Felice schaut sich im Spiegel an und sagt: ‹Mami, ich finde mich schön, aber die Narbe gefällt mir nicht.› In solchen Momenten probiere ich, ihr zu vermitteln: ‹Schatz, du bist einzigartig und speziell›», so Arnold. Das Thema Lippen-Kiefer-Gaumen-Spalte haben sie Felice gegenüber nie verleugnet und sind gleich offen und ehrlich gewesen. Die Fotos vor und nach den Operationen sind in einem Album eingeklebt; das Mädchen weiss, wie es ausgesehen hat. Es begleitet seine Mama bei ihrer Arbeit als Botschafterin der Stiftung Zuversicht für Kinder. Und es hat auch die Dok-Filme gesehen, in denen es vorkommt.

Seit Felice drei Jahre alt ist, geht sie zur Muskelfunktionslogopädie. Die Muskeln sind bei einer Lippen-Kiefer-Gaumen-Spalte unterbrochen. Sie werden erst in einer Operation verbunden, und man muss üben, die Muskeln zu bewegen. Ausserdem geht sie seit etwa einem Monat zur Sprachtherapie, um das Sch richtig auszusprechen. Felice kann alles essen, machen und tun, was sie will. «Klar, haben wir mehr Ängste als andere Eltern», sagt Arnold. «Es braucht viel mehr Energie und Zeit, um das alles durchzustehen. Dadurch habe ich auch eine sehr enge Beziehung zu Felice. Ich liebe mein Kind aber nicht mehr oder weniger, weil es diese Fehlbildung hat. Mutterliebe ist einzigartig.» Macht es einen Unterschied, dass Sarina Arnold als Model arbeitet? Dass Schönheit das Kapital der 35-Jährigen ist? «Nein!» Für Sarina Arnolds Mann war die Tatsache, dass die Tochter mit einer Lippen-Kiefer-Gaumen-Spalte geboren wurde, «ein Riesenbatzen zum Verdauen. Das hat auch unsere Ehe belastet, aber alles, was dich nicht auseinanderbringt, schweisst dich im Endeffekt noch mehr zusammen. Wir haben das gut gemeistert», sagt die schöne Frau heute. Gern hätten sie und ihr Mann ein zweites Kind. Und ja, sie haben Respekt davor, dass es wieder mit einer Lippen-Kiefer-Gaumen-Spalte geboren würde. «Ich glaube aber, dass man gerade das anzieht, wovor man sich fürchtet. Also haben wir keine Angst. Ich denke auch, meine Tochter sollte mir etwas zeigen im Leben, sie hat mich zum Beispiel zu der Stiftung gebracht, wo ich anderen Menschen helfen kann.» Nach dem Grund für die Fehlbildung zu forschen, ist mühsam. Es können vielfältige Ursachen sein, zum Beispiel ein Sauerstoffmangel in der kritischen Zeit. Sarina Arnold lebt sehr gesund, raucht nicht, trinkt keinen Alkohol und nahm in der Schwangerschaft Folsäure. Jetzt hat sie sich diese wieder verschreiben lassen, um sich vorzubereiten auf ein zweites Baby. Zudem nimmt sie seit über einem Jahr diverse Vitamine.

In den ersten Jahren hat Sarina Arnold so viel nur für Felice und ihren Mann gemacht, dass sie sich fast vergessen hat. «Ich brach erst drei, vier Jahre später zusammen. Ich musste dauernd weinen und brauchte jemanden, um alles aufzuarbeiten. Ein Therapeut hat mir geholfen.» Diese neutrale Person nimmt alles auseinander. Erst da konnte Sarina Arnold ihre Gefühle zulassen. Weil sie am Anfang nur stark sein wollte, hat die Welle der Emotionen sie dann überrollt. Der Austausch mit anderen Betroffenen hilft ihr zusätzlich. Auch Felice tut es gut, wenn sie sieht, dass sie nicht allein ist mit ihrem Schicksal. Eventuell steht dieses Jahr noch eine OP für das Mädchen an. Der Kiefer ist noch offen, und es müsste etwas eingesetzt werden, damit sich Knochen bilden. Vielleicht bilden sich die aber von selbst. «Das würde ich ihr sehr wünschen», so ihre Mutter. «Felice kam letztes Mal und meinte: ‹Mami, ich will keine Operation mehr.› Sie ist zum Glück eine Kämpferin vom Sternzeichen Widder mit einem starken Sturkopf.»

Sarina Arnold schöpft Kraft daraus, anderen Betroffenen Mut zu machen, etwa mit ihrer Stiftung. «Ich erzähle nicht irgendwas, sondern mache die gleichen Ängste durch, stelle mir dieselben Fragen. Aufklärung ist wichtig!» Sagt einer «Hasenscharte», verbessert Sarina ihn und informiert, dass das schon länger nicht mehr so heisst. «Es verletzt mich manchmal, wenn sich zum Beispiel im Radio jemand lustig macht über Menschen mit dieser Fehlbildung. Da werde ich schon wütend. Ich habe mein Kind nie als behindert angesehen.»

Die Namen Felice und Alica, die Glückliche und die Starke, haben die Eltern sehr besonnen ausgesucht. «Jeder Mensch hat einen Rucksack zu tragen. Meine Tochter hat ihren am Anfang vollgepackt bekommen. Ich hoffe, sie geht jetzt mit einem leichten Rucksack weiter durchs Leben.»

STECKBRIEF

Sarina Arnold, 35, ist Model – u.a. für «Elle», «Vogue», Armani – und Schmuckdesignerin ihrer Marke Jewels For You. Die gebürtige Urnerin fungiert als Botschafterin der Stiftung Zuversicht, die sich für Kinder mit Lippen-Kiefer-Gaumen-Spalte einsetzt. Sie lebt mit ihrer Familie am Zürichsee.

GELDSORGEN

589 Milliarden Franken beträgt das Gesamtvermögen der 300 reichsten Schweizer, listet das Wirtschaftsmagazin «Bilanz» auf. Und stellt fest, dass 2014 die Reichen reicher geworden sind. Noch nie war die Schweiz so wohlhabend, und noch nie hatten so wenige Anteil daran. Die Schere tut sich immer weiter auf: Rund 590 000 Menschen leben unter der Armutsgrenze von 2200 Franken pro Monat. Laut dem Hilfswerk Caritas haben mehr als eine Million hierzulande mit prekären finanziellen Verhältnissen zu kämpfen. Geldsorgen sind weit mehr als ein Randphänomen. Jede fünfte Person ist nicht in der Lage, eine unerwartete Rechnung von 2000 Franken zu zahlen.

Die Belastung steigt nicht unbedingt mit der Summe, die einem fehlt. Es reicht schon, an jedem Monatsende zu schwitzen, ob alle laufenden Kosten gedeckt sind. Wer ständig um den Nullpunkt herumkrebst, verinnerlicht die Notlage: Das Selbstbewusstsein sinkt, er ist einem permanenten Druck ausgesetzt, der sich psychisch und physisch niederschlägt, etwa in Rückenschmerzen oder Erschöpfungszuständen. Wegen Geldsorgen suchen immer mehr Studenten einen Psychologen auf. Und sie sind der Grund Nummer eins für das Scheitern einer Beziehung. Menschen, die Probleme haben, die Zinsen für ihre Hypothek oder einen Kredit zurückzuzahlen, leiden häufiger an Schlafstörungen und Angstzuständen. Dabei ist die budgetäre Krise oft das Resultat einer bewussten Entscheidung, weil man alles auf eine Karte setzt. Viele nehmen Geldsorgen in Kauf, um ihren Traum zu verwirklichen. Sie absolvieren zum Beispiel eine Ausbildung in einer fremden Stadt, die viel kostet. Oder gründen ihr eigenes Unternehmen. Laut der Förderagentur Venturelab gab es 2014 über 41 000 Neugründungen in der Schweiz, 7500 allein in Zürich. Jeden Tag wagen mehr als 100 Personen den Schritt in die Selbstständigkeit. Ausser bei den Hightech-Start-ups scheitert jeder Zweite innerhalb der ersten drei Jahre. Für das Gros der Jungunternehmer ist ihr Einsatz sehr hoch, weil sie ohne Sicherheitsnetz agieren. Noch vor allen anderen will man sich selbst beweisen, dass mans schafft. Dauert das länger, kommen Zweifel auf. Angst macht sich breit. Ein Scheitern würde oft auch bedeuten, mit einem Berg Schulden dazustehen. Diese Aussichten erhöhen den Druck ... Es ist ein permanenter Kampf, vielleicht nicht unbedingt ums Überleben, aber doch um Anerkennung und ein besseres Leben.

Ein Mangel ist per Definition etwas, das vorhanden sein sollte und das gebraucht wird. Mangelt es an Geld, gibt das dem Defizit eine noch viel grössere Dimension. Es belastet nicht nur die Seele, sondern auch das Sozialleben, die Gesundheit oder die grauen Zellen! Not macht erfinderisch, sagt der Volksmund. Wer sich jedoch um seine Finanzen sorgt, der hat nicht genügend Kapazität frei, um sich auf anderes zu konzentrieren, sodass vor allem die Kreativität leidet. Die Hirnforschung geht sogar einen Schritt weiter; amerikanische Wissenschaftler haben herausgefunden: Geldprobleme machen dumm. Sie nehmen Raum im Gehirn ein, sodass man seine Aufmerksamkeit schwerer auf anderes lenken könne. Sie setzen sich im Kopf fest und lassen unsere Gedanken darum kreisen. Wer jeden Rappen umdrehen muss, macht mehr Fehler, da die Sorge seine Konzentration lähmt. Zudem ist man aus der Misere heraus oft gezwungen, kurzfristig zu überlegen und zu agieren. Aus dieser Perspektive verliert man langfristige Ziele leicht aus den Augen – keine guten Voraussetzungen dafür, um weiterzukommen.

Geldnöte beeinflussen auch die Gesundheit. Es geht dabei vor allem um Selbstkontrolle. Sich zu beherrschen – und nicht zum schnellen Zuckerschub aus der Cola-Flasche, zur Chips-Packung beim Fernsehen oder zum preiswerten Burger in der Mittagspause zu greifen –, fällt schwerer, wenn man sich sonst dauernd kasteit. Wer in anderen Bereichen Verzicht üben muss, nimmt gern die angenehmere Variante nach dem Motto «Man gönnt sich ja sonst nichts» und schlägt wie zum Ausgleich hemmungslos zu, etwa beim Essen und Trinken. Ständig dem Drang zu widerstehen, über seine Verhältnisse zu leben und Schulden zu machen, bindet Kräfte, die einem bei Alltagsentscheidungen fehlen. Diese trifft man weniger sorgsam. Weil bei einem Kontostand im Minus viele Entscheidungen enorm wichtig werden, weil sie existenziell sein könnten, macht man sich über anderes keinen Kopf mehr.

Über Geld spricht man nicht, ist in dem Fall die falsche Devise. Egal, ob mit einem Therapeuten, Finanzberater, diskreten Freund oder Familienmitglied, das sich in Finanzdingen auskennt; die Lage zu analysieren und die Fakten auf dem Tisch liegen zu sehen – im wörtlichen Sinn –, hilft. Man sortiert beim Darüber-Reden nicht nur seine Gedanken, sondern auch die offenen Rechnungen, kommenden Zahlungen und so weiter. Und findet leichter Lösungen, wie man es diesen Monat wieder schafft, budgetär, gesundheitlich, psychisch. Und danach? Sollte die Perspektive realistischer sein, als sich den Lotto-Jackpot auszumalen (das tun nämlich Menschen mit Geldsorgen sogar dann, wenn sie gar nicht spielen!). Wie schwer die Sorgen wiegen, hängt offenbar auch davon ab, was der Nachbar hat. Denn es ist nicht das Fehlen des Geldes allein, sondern auch des Status, der damit verbunden ist. Je wohlhabender das Umfeld, desto minderwertiger fühlen sich Personen, die da nicht mithalten können. Dabei sollte man sich klarmachen, was Reichtum für einen persönlich bedeutet. Und ob das nicht viel weniger mit Franken und Rappen zu tun hat ...

Julian Zigerli stemmt sein Label und Leben ohne finanzielle Sicherheit

Julian Zigerli kommt mit dem Fahrrad. Das dunkelblonde Haar zerzaust, die Wangen gerötet und mit Schatten unter den Augen – er hat gestern seinen 31. Geburtstag gefeiert. Gut, scheint die Mittagssonne, so kann er die Spuren der Nacht hinter getönten Gläsern verbergen. Er bestellt ein Wasser und erklärt sehr unterhaltsam, wie und warum er sein Portemonnaie vergessen hat. «Du musst verzeihen, in der Eile im Atelier. Und dann wollte ich nicht umkehren und dich noch länger warten lassen. Jedenfalls, sorry, du musst bezahlen!» Selbstverständlich ist er eingeladen.

Obwohl der Schweizer Designer als ungestüm-jugendliches Kraftpaket der Szene gefeiert wird, und das beinahe vom Start seiner jungen Karriere weg, spricht er in Interviews des Öfteren von Geldsorgen. Um seinen grossen Traum, eine Laufbahn im Modebusiness, zu leben, gönnt sich der junge Mann sonst fast nix. Für seine erste Kollektion für Frühjahr/Sommer 2012 griffen ihm die Eltern unter die Arme. «Die Mittel, die ich dafür zur Verfügung hatte, waren minimal. Doch je grösser wir werden, desto mehr brauchen wir», erklärt er. Bis jetzt konnte Julian Zigerli alle Kollektionen für sein gleichnamiges Label vom eigenen Haus aus finanzieren. «Es ist nicht leicht. Wir sind nicht reich.» Sein Vater war Pilot bei der Swiss und ist seit vergangenem November pensioniert. Die Mutter ist Hausfrau, die sich um drei Kinder kümmerte, davon eines behindert. «Wir haben oft diskutiert, ob ich einen Kredit aufnehmen soll. Aber solange sie können, wollen mir meine Eltern das Geld geben», sagt der talentierte Sohn. Von Anfang an haben alle aus seiner Familie mitgeholfen. Die Mutter kam ins Atelier und kopierte die Schnitte oder sie war an den Schauen tatkräftig dabei. Mittlerweile ist auch der Vater stetiger «Gast» im Atelier.

Vielleicht hat er vor dem finanziellen Aufwand, den der Job als selbstständiger Designer mit sich bringt, auch die Augen verschlossen. Sonst hätte ihm das Wagnis Angst gemacht ... Wie viel Geld die erste Kollektion brauchte, kann er gar nicht sagen. Da müsste er in die Bücher schauen. «Ich habe erst seit

einem Jahr einen Teilzeitangestellten, der sich die Bilanzen unter die Lupe genommen hat und auflistet, wann wir wo was ausgeben und einnehmen. Derzeit kostet uns eine Kollektion circa 30000 bis 35000 Franken. Das kommt mit dem Verkauf noch nicht rein. Dank Unterstützungen, Kollaborationen mit grösseren Marken wie Samsung oder Mercedes-Benz und dem Swiss Design Award, den ich letztes Jahr gewann, hatten wir immer wieder ein Pölsterchen, mit dem es knapp reichte», erklärt er. Die Kollektion wächst ständig. Verkauft Zigerli mehr, hat er gleichzeitig auch mehr Ausgaben wegen der höheren Produktionskosten. In Summe gleichen sich Ausgaben und Einnahmen so ziemlich aus. Um auf null zu kommen, müssten sie dieses Jahr 320000 Franken einspielen. Damit wäre der Aufwand komplett gedeckt: drei Teilzeitangestellte, Miete, Produktion, Stoffe. Der Jungunternehmer lässt alles in Europa produzieren, in Deutschland den Strick sowie die Basic Line, in Bulgarien den Hauptteil der Kollektion, Leder in Ungarn, und die Stoffe kommen aus der Schweiz. In ein billigeres Produktionsland gehen will Zigerli nicht. «Ich habe das schon mal mit Thailand probiert. Man gibt dann zu viel Geld für den Versand der Stoffe aus. Ausserdem ist es besser, wenn alles in der Nähe liegt, um selbst hinfahren und jeden Schritt kontrollieren zu können. Der Tenor der Modebranche lautet auch: Man geht zurück zu seinem Umfeld.»

Je länger, je mehr belastet ihn die budgetäre Situation. «Ich bin jetzt schon vier Jahre dran und habe mir ein klares Ziel gesetzt, es innerhalb von fünf Jahren zu schaffen. Das heisst, ich habe noch ein Jahr, um schwarze Zahlen zu schreiben.» 2014 ist der Modeschöpfer nebenbei Master-Dozent in Basel geworden. 2015 hat der 31-Jährige eine zweite Linie, die Unisex-Diffusion-Line Julian Zigerli All Time Favorite, sowie eine neue Kollaboration am Start: Zimmerli bei Zigerli, eine Capsule Collection für den Unterwäschehersteller Zimmerli of Switzerland wird 2016 in die Läden kommen. «Ich denke schon manchmal, dass es uns irgendwann den Deckel lüpfen könnte, weil wir die vielen Rechnungen nicht mehr bezahlen können», sagt er nüchtern. Das Geld von den Eltern wird aufgeschrieben. Der Plan sei, es ihnen irgendwann zurückzuzahlen. Jetzt laufen gerade Gespräche im Team für den nächsten Schritt – Investorensuche. Das will wohl durchdacht sein. Julian Zigerli zweifelt, ob er kreativ noch frei entscheiden kann, wenn er sein Label «verkauft». Man höre in der Branche Diverses. Es kann super funktionieren, wenn ein

Investor an den Designer glaubt und ihn sein Ding machen lässt. Und auch das krasse Gegenteil. Er wird nach Gefühl entscheiden.

Beruf und privat versucht er auch finanziell zu trennen. Durch den Job an der Uni kommt Geld in die Kasse. Damit kann er seine Miete endlich selbst bezahlen. «Zum Sparen habe ich gar nicht genug Geld! Ich gehe zum Beispiel selten essen – Zürich ist einfach zu teuer», sagt er. Er ist aber ein Lebemensch und hat sich während seines Studiums in Berlin durch den Abend getrunken, ohne einen Rappen auszugeben. «Das geht, wenn man die richtigen Leute kennt. In Zürich war das auch lange so. Mittlerweile bin ich nicht mehr so oft unterwegs», sagt er. Seine Ansprüche sind nicht hoch. Er lebt sehr einfach, seit Weihnachten in einer 1½-Zimmer-Wohnung am Hardplatz im Kreis 4 in Zürich. Seit er mit zwanzig von zu Hause ausgezogen ist, hat er in Wohngemeinschaften gewohnt. Er besitzt kein Auto, nur ein Velo. Bei welcher Summe auf dem Konto würde er sich sicher fühlen? «10 000 Franken.» Und was steht derzeit dort? «Vielleicht 5?» Immerhin hat er das Minus vom letzten Monat ausgeglichen. Und er besitzt auch eine Kreditkarte; die läuft über das Geschäft, ist aber sehr selten in Verwendung. Julian Zigerli verdient sein Geld nur mit dem Uni-Job in Basel und anderen Freelance-Arbeiten. Von seinem Brand zahlt er sich kein Gehalt aus.

Wer sich immer achten muss, der schlägt bisweilen über die Stränge ... «Das Teuerste, was ich besitze, ist ein Musterstück aus meiner Kollektion, das circa 900 Franken kostet. Und Givenchy-Schuhe, die ich mit Prozenten um 350 Euro gekauft habe. Ach ja, noch eine Lederjacke von Beams aus Japan um die 500 Franken.» Ein Designer hat doch eine Leidenschaft für Mode! Und den Impuls, ein Kleidungsstück unbedingt haben zu müssen und darob den Preis zu vergessen, kennt Julian Zigerli gut. So wie kürzlich in Japan, oder bei einem seiner Besuche in London, dann schlägt er richtig zu und denkt nicht über die Summe nach. Aber er shoppt immer seltener. Klar, Mode kann als Statussymbol gelten, wie die It-Bags oder teuren, exklusiven Marken. Seit er aber weiss, wies funktioniert und was dahintersteckt, kauft er Kleidung viel bewusster ein, geht nicht mehr zu H&M und trägt eher seine eigenen Sachen.

Was ist nötig, um Julian Zigerli zum Durchbruch zu verhelfen? «Das kann keiner genau sagen. Es hilft, dass ein wichtiger Laden die Kollektion ordert. Glück und Geduld gehören sicherlich dazu. Es muss ein Hype generiert werden, den man nicht steuern kann. Ob ich das unbedingt will, ist eine andere Frage, weil es ein junges Label schnell umbringen kann. Man ist dann zwei, drei Saisons in und danach nicht mehr so spannend», sagt er reflektiert. Viele der marktführenden Shops wollen entweder neue Namen entdecken oder die etablierten im Sortiment haben. Die Grauzone dazwischen hat es zurzeit schwer, und darin befindet er sich gerade. Da muss man schon strategisch denken, um weiter zu bestehen. Beim Entwerfen überlege er sicher, ob sich etwas verkauft. «Ich habe in einer Saison eine Strickhose sehr gut verkauft und die Shorts in Strick überhaupt nicht, daraufhin war klar, dass wir wieder eine lange Strickhose machen. Unsere Diffusion-Line baut auf der Erfolgsaussicht auf, sie ist sehr kommerziell.» Mode ist ein Konsumobjekt; darum sieht er sich als Handwerker, nicht als Künstler, der ein Produkt kreiert, das man anzieht und nicht an die Wand hängt. «Obwohl man es könnte, die Qualität dafür hat es!», so Zigerli selbstbewusst. Als Kunde schwebt ihm ein Freigeist vor, jemand, der viel unternimmt, vieles ausprobiert, geniesst, schöne Dinge und Farben wertschätzt. Julian Zigerlis Motto lautet: «The world is my oyster», darum bedient er sich aus aller Welt zur Inspiration. Einst hiess eine Kollektion «My Daddy was a Military Pilot», wofür er in die Erzählungen und Bilder seines Vaters eintauchte. Die neuste Kollektion ist inspiriert von seiner Japanreise im letzten Jahr. Eine Muse hat er nicht, dafür sei er ein zu vielseitiger und wechselhafter Mensch: «Ich spiele Fussball und entwerfe gern Kleider – ich stecke voller klassischer Widersprüche.»

Die Liebe zum Modemachen kam mit seinem ersten Praktikum mit siebzehn in Zürich. Davor hat er Mode auch schon geliebt, wusste aber nicht genau, was es ist. «Ich habe stets nach dem Speziellen gesucht und mich ungewöhnlich gekleidet, zum Beispiel in einen Pulli in Pink mit Print. Mit achtzehn machte ich in London ein Grafik-Praktikum und gab dort echt Gas. Jedes Wochenende verbrachte ich in Secondhand-Läden. London hat mich sehr beeinflusst. Danach war klar: Ich will Fashiondesigner werden.» Die Schweizer Männer schätzt er als modebewusst, aber vorsichtig ein. Sie ziehen sich gut an, aber nicht extravagant oder neu. Sie bleiben in einem sicheren Rahmen, tragen Navy, Grau, Schwarz, Beige. Wie bringt er sie trotzdem dazu, seine extravaganten, oft bunten oder gemusterten Kreationen zu kaufen? «Männer muss ich manchmal zwingen, etwas anzuprobieren. Sie trauen sich nicht, vertrauen aber meiner Meinung. Meist kaufen sie das Teil dann.»

Obwohl er mit seinem Namen für die Marke steht, sieht er sich als Teamplayer. Alleine könnte er das nie stemmen. Das sei allgemein so in der Branche. Schon während des Studiums holte man sich Hilfe, wo man konnte. Vergangenen Winter haben das erste Mal Boutiquen in Zürich seine Kollektion verkauft. «Sie haben Angst vor Neuem, der Mut fehlt», bedauert Julian Zigerli. Warum haben es Schweizer in dem Business so schwer? «Es gibt Gute unter uns, die meisten sind aber nicht so laut wie ich. Und Internationalität ist wichtig. Für den heimischen Markt, den ich bedienen will, muss man zuerst im Ausland Erfolg haben. Nur so bist du hier glaubwürdig.» Bei ihm war das extrem. «Seit Armani gesagt hat: ‹Julian Zigerli ist cool›, finden mich die Schweizer auch cool.» Giorgio Armani unterstützt jede Saison ein Talent, indem er seine Location für eine Show in Mailand zur Verfügung stellt. Er wurde durch die «Vogue Italia» auf Julian Zigerli aufmerksam. Dann kam der Anruf, aus dem Blauen heraus: «Ich sei der Auserwählte und dürfe meine Show im Januar in Mailand präsentieren!» Er traf Armani per Zufall, aber es hat keine Verbindung zwischen ihnen gegeben.

Nach dem Studium hatte er eigentlich vor, bei einem renommierten Creative Director als Assistent zu arbeiten – das wäre die sichere Variante gewesen. Innerhalb von zwei Monaten entschied er sich aufgrund eines Jobs als Kostümdesigner am Theater Neumarkt in Zürich anders. Was ist das Schwierigste als Jungunternehmer? «Durchzuhalten.» Julian Zigerli ist ein sehr sorgloser Mensch. Deshalb erschüttert ihn die finanzielle Situation zwar, aber sie macht ihn nicht psychisch krank. Wobei ihm die Sicherung der Existenz schon grosses Kopfzerbrechen bereitet – und die Kreativität einschränkt. Seit einem Jahr nimmt er die Dinge nicht mehr so leicht wie am Anfang, wo er einfach mal machte. «Jetzt bin ich mir bewusst: Jede Aktion zieht ihre Konsequenzen nach sich.» Das Handtuch schmeissen? «Das wäre absurd. Das hiesse, mit meinem Traum gescheitert zu sein!» Er hat auch gar keinen Plan B, würde sich für die nahe Zukunft aber einen Investor wünschen, der ihm freie Hand lässt, der an ihn glaubt und ihm den Rücken freihält. Was würde er mit dem Geld machen? «In Paris eine Show, einen Laden eröffnen, Werbung schalten, sich ausprobieren und grundsätzlich mehr riskieren.» Investition in Mode ist ein heikles Thema, denn sie ist keine Gelddruckmaschine. Sogar klingende Namen sind keine Garantie. Für einen Investor ist das Portfolio einer Marke wichtig, dieses entsteht durch Tatendrang und dauert ein bisschen. Daran mangelt es Julian Zigerli mitnichten.

Was machen die Grossen wie Karl Lagerfeld, Tom Ford, Roberto Cavalli oder Hedi Slimane, die ihren Häusern Millionen bringen, anders? «Die meisten reichen Kollegen sind clevere Businessmänner, wie Hedi Slimane. Er ist smart. Das Kaufpublikum versteht seine Sachen. Es kann sich den Look vorstellen. Slimane entwirft teure Streetwear, genau das wollen die Kunden, die Geld haben. Mich langweilt das. Die alte Garde hatte es einfacher, indem sie einen Brand langsam, kontinuierlich aufbauen konnte. Sogar Raf Simons, der Creative Director von Dior, sagt, es kann morgen vorbei sein. Entwirft man für solch ein Haus, hat man einen Riesen-Stress, wie in einem Hamsterrad. Darauf habe ich keine Lust», sagt Zigerli. Nach seinen jeweiligen Präsentationen liest er die Kritiken. «Selten Schlechtes, was mich ein bisschen beunruhigt. Ich bin sehr verhätschelt worden. Hagelte es plötzlich Kritik, würde ich das wohl schwer ertragen. Negative Stimmen in der Presse sind nicht konstruktiv. Sagt mir jemand persönlich seine Meinung, weiss ich, was damit anzufangen. In der Zeitung steht es schwarz auf weiss festgeschrieben. Das trifft einen direkt in die Fresse», bekennt er ehrlich. Obwohl in der Schweiz die finanzielle Latte hoch liegt, hat er sich nie arm gefühlt. «Arm wäre ich, wenn ich nicht wüsste, wie die nächste Miete bezahlen.»

STECKBRIEF

Julian Zigerli, 31, gilt als grosses Talent unter den internationalen Männermode-Designern. Der Zürcher gewann den Schweizer Design-Preis 2013 und zeigte seine Kollektion für Sommer 2015 an der Mailänder Modewoche. Seine bunten, auffallenden Kreationen tragen sogar Frauen, etwa die Sängerin Lea Lu.

UNERFÜLLTER KINDERWUNSCH

Wenn das Natürlichste von der Welt nicht funktionieren will, erschüttert das die tragenden Balken der eigenen Existenz. Kinder kriegen ist für viele ein so selbstverständlicher Lebensentwurf, dass es daneben eigentlich keine Alternative gibt. Jedes sechste Paar in der Schweiz hegt einen unerfüllten Kinderwunsch. Nicht selten setzen sie sich enorm unter Druck, und manche zerbrechen daran. Die Ursachen für eine ungewollte Kinderlosigkeit liegen gleich häufig bei der Frau wie beim Mann. Bei der Frau könnten eine Störung in der Eizellreifung, eine eileiterbedingte Unfruchtbarkeit, eine Endometriose (Erkrankung der Gebärmutter), eine Fehlbildung der Eierstöcke oder der Gebärmutter oder Antikörper gegen Spermien zur Unfruchtbarkeit führen. Beim Mann ist etwa die Spermienreifung oder der Spermientransport gestört. In bis zu einem Drittel der Fälle betrifft es beide. Falls keine organische Ursache gefunden werden kann, mögen zum Beispiel Stress, Übergewicht, Alkohol und Rauchen eine negative Rolle spielen. Weil die Gründe so vielfältig sind, müssen sie zuerst genau abgeklärt werden. Allerdings: Die Wahrscheinlichkeit einer Schwangerschaft beträgt statistisch gesehen sogar im Optimalfall nur circa 25 Prozent pro Menstruationszyklus. Das heisst, es ist grundsätzlich wahrscheinlicher, nicht schwanger zu bleiben als schwanger zu werden! Von Sterilität spricht man erst bei einem Paar, welches über zwei Jahre (bei über 35-Jährigen während eines Jahres) regelmässig ungeschützt Geschlechtsverkehr hat. Der statistische Hoffnungsschimmer: Vielen Paaren kann mittels guter Beratung und individuell angepasster Behandlungen geholfen werden. Die Schwangerschaftsraten bei einer Insemination liegen zwischen fünf und fünfzehn Prozent pro Versuch. In 36 Prozent der Fälle führt eine künstliche Befruchtung zur Schwangerschaft, drei Viertel davon zur Geburt. Allerdings sind die Erfolgsaussichten stark abhängig vom Alter der

Frau; eine 45-Jährige hat nur noch eine zwölfprozentige Chance, auf diesem Weg schwanger zu werden. In der Schweiz kommen pro Jahr rund 2000 Kinder zur Welt, die künstlich gezeugt wurden. In der Realität liegt meist ein beschwerlicher Weg hinter den Betroffenen.

Nachdem die Problematiken im Rahmen der Abklärung so genau wie möglich eingegrenzt wurden, können sie mit einer Therapie angegangen werden. Ein erster Schritt ist eine Hormonbehandlung der Frau, um ihren Zyklus zu stabilisieren, die Reifung der Eizelle zu unterstützen und den Eisprung auszulösen. Die Frau spritzt sich die Hormone in der Regel selbst in die Bauchdecke (oder der Partner macht das) oder nimmt sie in Tablettenform ein. Da eine Überstimulation möglich ist, muss sie regelmässig zu Bluttests beim Arzt. Ist das Ei reif, wird durch ein anderes Hormon der Eisprung ausgelöst und es kann zur Befruchtung kommen, entweder durch Geschlechtsverkehr innerhalb von zwei Tagen oder mithilfe einer Insemination, der Samenübertragung der aufbereiteten Spermien in die Gebärmutter oder den Eileiter. Die Prozedur wiederholt man Monat für Monat, bis man schwanger wird, längstens etwa ein halbes Jahr lang.

Sollte die Befruchtung erfolglos bleiben, ist die nächste Stufe eine IVF (In-vitro-Fertilisation). Am Anfang stehen wieder Hormonstimulation und Bluttests. Nach etwa einer Woche kontrolliert der Arzt mit einer Ultraschalluntersuchung, ob das Ei reif und gross genug ist, und leitet gegebenenfalls den Eisprung ein, indem er ein anderes Hormon injiziert. Etwa 36 Stunden später entnimmt er mit einer feinen Nadel Eizellen durch die Scheide oder Bauchdecke. Das passiert unter Schmerz- und Beruhigungsmitteln oder sogar einer Vollnarkose. Um mit möglichst frischem Sperma des Partners die Chancen zu erhöhen, masturbiert der Mann in einem speziellen Raum der Fertilitätsklinik. Hat er Mühe mit diesem «Erguss auf Abruf», noch dazu im klinischen Umfeld, kann er das Sperma auch in einem Spezialbehälter von daheim mitbringen. Die Samenflüssigkeit wird im Labor aufbereitet, und in einer Nährflüssigkeit im Reagenzglas soll es zur Befruchtung mit der Eizelle kommen. Nun sucht der Arzt die befruchteten Zellen aus, die eingesetzt werden sollen. Die anderen werden vernichtet oder tiefgefroren für etwaige weitere Versuche. Innerhalb von fünf Tagen überträgt er die Embryonen – in der Regel zwei – mithilfe eines dünnen Schlauchs durch die Scheide in die Gebärmutter. Zwei Wochen später sagt ein Bluttest, ob die Frau schwanger ist, und einen Monat danach eine Ultraschalluntersuchung, ob der Embryo lebt oder es eventuell Mehrlinge sind.

Derzeit ist die ICSI (Intracytoplasmatische Spermieninjektion), eine Verfeinerung der IVF, die Methode der Wahl. Dabei wird die Samenzelle mit einer feinen Nadel direkt in die Eizelle gebracht. Entweder man verwendet hierfür frische, aufbereitete Spermien. Ist die Spermienqualität nicht hoch genug, sodass eine Befruchtung nicht Erfolg versprechend ist, kann der Arzt mit einer kleinen OP durch den Hoden Samenzellen gewinnen. Diese werden eingefroren und später aufgetaut und aufbereitet.

Die Schweiz hat eines der restriktivsten Fortpflanzungsgesetze in Europa. So ist etwa die Präimplantationsdiagnostik – das Verfahren zur genetischen Untersuchung von Embryonen – bisher verboten. Im Juni wurde eine Verfassungsänderung von Volk und Ständen mit deutlicher Mehrheit angenommen. Derzeit gilt im Rahmen der künstlichen Befruchtung: Das Tieffrieren befruchteter Eizellen ist nur in dem Stadium erlaubt, bevor sich ein Embryo gebildet hat. Das passiert etwa 24 Stunden nach dem Eindringen des Spermiums in die Eizelle. Eine Selektion der Embryonen, die eingesetzt werden, ist verboten. Man darf nur so viele Embryonen züchten, wie auf einmal eingesetzt werden können, maximal drei. Alle gezüchteten Embryonen müssen der Frau sofort, das heisst, in dem Zyklus eingesetzt werden, egal, welche Überlebenschancen sie haben. In Zukunft wird die Präimplantationsdiagnostik in gewissen Fällen zulässig sein. Auch dürfen künftig so viele Embryonen entwickelt und aufbewahrt werden, wie es die vorgesehene Behandlung erfordert.

Wie belastend diese Behandlungen für den Körper, die Psyche und die Beziehung sind, kann man sich vorstellen. Und sie belasten auch nicht unwesentlich das Budget. In der Schweiz übernehmen die Krankenkassen nur die Kosten für die Abklärungen und die Inseminationen mit den Spermien des Partners (keine Fremdspermien) bei Frauen unter 40. Sollten bis zu drei Inseminationen nicht fruchten, müssen die Betroffenen die gesamten Aufwendungen für alle weiteren Schritte aus der eigenen Tasche zahlen. Darum lohnt sich der Vergleich der Kinderwunschzentren und Fertilitätskliniken besonders, denn die Kosten schwanken zwischen 4000 und 7500 Franken für die gängigste Methode, die ICSI, pro Mal. Ein ICSI-Zyklus mit eingefrorenen Eizellen kostet zwischen 1300 und 2000 Franken. Zusätzlich braucht es Hormonpräparate und Medikamente, die nochmals mit über 3000 Franken zu Buche schlagen können. Beim ersten Mal klappt es selten, manchmal sind bis zu zehn Versuche nötig!

Bei aller Euphorie über die Aussicht auf sein Baby, die Risiken und Nebenwirkungen einer künstlichen Befruchtung sind nicht ohne. Die Chance, Zwillinge oder Drillinge zu gebären, ist zehnmal höher. Auch Eileiterschwangerschaften treten gehäuft auf. Durch die hormonelle Behandlung leiden die Frauen an Hitzewallungen, Kopfschmerzen, starken Bauchschmerzen oder Wassereinlagerungen. Die Risiken der Narkose bei den nötigen operativen Eingriffen sind immer gegeben. Von psychischen Nebenwirkungen wie Stimmungsschwankungen und depressiven Verstimmungen berichten häufig beide Partner. Bei Frauen, die ein IVF-Kind gebären, erhöht sich die Thrombose- und Embolie-Gefahr.

Vom Kinderwunsch zum Wunschkind ist es eine Odyssee – mit einem klaren Ziel vor Augen, aber vagem Ausgang. Die seelischen Komponenten sind dabei noch schwieriger vorauszusagen als die medizinischen und finanziellen. Das Thema überstrahlt sicher eine Zeit lang alle anderen Beziehungsthemen. Wie die Partner emotional auf die Strapazen reagieren, kann man nicht planen. Unterschätzen sollten sie dieses Abenteuer darum nicht und gemeinsam überlegen, wie weit man gehen will und wie ein alternativer Lebensentwurf aussehen könnte. Natürlich muss nicht jeder von den Problemen erfahren. Viele Männer haben Skrupel davor, dazu zu stehen. Derbe Sprüche, weil sie ein Kind nicht auf natürlichem Weg zeugen können, sind noch das Geringste, was sie sich anhören müssen. Und eine Frau, die in der Arbeit kommuniziert, sie versuche derart intensiv schwanger zu werden, wird wahrscheinlich nicht mehr die besten Karriereaussichten in dem Betrieb haben. Aber sich dosiert dem engen Umfeld anzuvertrauen, hilft und nimmt ein wenig Druck von der Beziehung. Vor allem Frauen tendieren dazu, sich zu isolieren, um möglichst mit niemandem konfrontiert zu werden, bei dem es mit dem Kinderkriegen einfach funktioniert hat. Wenn die Lebensfreude einzig darin besteht, endlich diesen kleinen schwarzen Punkt auf dem Ultraschallbild zu erspähen, fühlt man sich angesichts jeder Schwangeren immer mehr wie eine Versagerin. Vielleicht hilft es in solchen Momenten, beinhart ehrlich mit sich zu sein, sich zu fragen: Was bedeutet mir ein Kind? Wie wichtig ist es für die Beziehung? Und wo kann ich meine Lebensfreude speisen ohne Mutterglück?

Olivia Fischer kam auf Umwegen zum Wunschkind

Als die bezaubernde Braut in einem weissen Tüll-Traum auf der Insel Capri Ja sagt, gibt es noch eine zweite Prinzessin, die strahlt. Ein kleines Mädchen trippelt um sie herum, spielt mit den Rosenblättern auf dem Boden und ruft auf einmal «Mama». Olivia Fischer wendet sich von ihrem Mann zu ihrer Tochter, lacht sie an, und man sieht, wie glücklich die 32-Jährige über ihre Familie ist. Ein Höhepunkt auf einem langen Weg. Schon früh wusste die ehemalige Miss Zürich, dass sie Kinder möchte. «Ich bin ein kinderliebender Mensch und habe immer das Gefühl gehabt, ich bin auf dieser Welt, um Kinder zu haben. Zuvor wollte ich selber vieles erleben, etwas erreichen, die Welt sehen», sagt Olivia Fischer. Mit Mitte zwanzig war es dann so weit, das Model war beruflich erfolgreich und viel gereist. An einem Mittag sass sie mit drei Freundinnen beim Essen: «Zwei davon sagten, sie hätten die Pille abgesetzt, und meinten, es wäre doch schön, würden wir alle etwa zur gleichen Zeit schwanger werden. Ich kam nach Hause und sagte zu meinem Mann: ‹Ich glaube, jetzt stimmt es. Ich denke dran, die Pille abzusetzen.› Das habe ich dann auch getan. Und wurde sehr schnell schwanger!» Alles klappte super, die Schwangerschaft war lange unproblematisch. Olivia hat seit dem 23. Lebensjahr Diabetes Typ 1. «Man muss ein Jahr vor einer geplanten Schwangerschaft gute Zwischenwerte haben und geht alle drei Monate zum Arzt für Bluttests. Ich achte immer sehr auf mich, sodass die Diabeteswerte sehr gut eingestellt sind. Es war also kein Problem.»

In der 28. Woche hatte die werdende Mutter plötzlich frühzeitige Wehen. Eigentlich wäre das Kind so weit entwickelt gewesen, dass es gute Chancen hatte zu überleben. Obwohl man versuchte, die Wehen zu stoppen, gelang es nicht. Nach 50 Stunden musste ein Notkaiserschnitt gemacht werden. «Der Kleine wurde zwar etwas zu früh, aber gesund geboren. Wir hatten das Glück, dass wir ihn sehen durften. Wir haben für ihn den Namen Noah ausgesucht. Kurze Zeit danach hat sich aber ein Lungenemphysem gebildet und er ist daran gestorben», sagt sie mit sanfter, liebevoller Stimme. «Es war schwierig, da gleich wieder an Nachwuchs zu denken. Man möchte den Platz noch ein bisschen dem Kind geben, das da war. Und es nicht durch ein anderes ersetzen. Noah wird immer unser Erstgeborener bleiben.» Die Sachen, die bereitstanden für Noah, hat man eingelagert. «Ich wollte nichts weggeben. Es war uns wichtig, unserem zweiten Kind sagen zu können, dass diese Dinge vom Bruder stammen. Wir wollen ihn nicht verschweigen. Er soll mit uns mitleben und integriert sein», sagt Olivia Fischer. Für sie war es wichtig, Distanz zu diesem einschneidenden Erlebnis zu kriegen. Darum wartete das Paar etwa ein Jahr, um mit dem Schicksalsschlag umzugehen, die Ursachen abzuklären, sich neu zu finden. Die Wehen waren durch eine starke Blutung ausgelöst worden. Man machte mehrere Abklärungen. Sie habe die Tendenz zur Frühgeburt. In dieser Zeit gaben sich Olivia und ihr Partner gegenseitig Kraft. «Schon im Krankenhaus sagte man uns: ‹Entweder trennt sich ein Paar nach so einem Schicksalsschlag, oder es schweisst sich zusammen.› Wir hatten viele sehr ehrliche Gespräche. Ich hatte die intensiven Monate mit unserem Sohn während der Schwangerschaft, mein Mann hat ihn im Krankenhaus erlebt, wo ich noch vollgepumpt war mit Medikamenten. Wir konnten diese unterschiedlichen Eindrücke dem anderen mitteilen. Neben der Beziehung haben mir lange Spaziergänge in der Natur Kraft gegeben. Wir haben uns sicher verändert, aber uns hat das Erlebnis stärker gemacht.» Das Umfeld reagierte unterschiedlich. Einige mieden das Thema, weil sie nicht genau wussten, wie sie es ansprechen sollten. Aber es gab nur ganz wenige, die mit der Situation nicht umgehen konnten. Die meisten waren sehr hilfsbereit. Familie und Freunde waren sehr wichtig.

«Etwa eineinhalb Jahre später gab es eine Phase, in der viele in meinem Umfeld schwanger wurden. Ich habe sicher auch mehr darauf geachtet, weil ich bei dem Thema sensibel war. Da wusste ich, ich möchte es wieder probieren. Und dann begann eine wahre Odyssee», erinnert sich die schöne Frau. Von 2011 bis 2014 hat es nicht funktioniert. Von vielen Seiten hiess es, das habe psychische Ursachen. Ihr Hormonhaushalt hatte sich nach der ersten Schwangerschaft verändert. Sie hatte ein polyzystisches Syndrom entwickelt. Das bedeutet, dass mehrere Eier reifen, aber keines springt. Als es auf natürlichem Wege nicht klappte, versuchte sie zwei Inseminationen in der Schweiz. Gerade auf einer Weltreise, bekam sie starke Blutungen und musste in Los Angeles notfallmässig zum Arzt. Freunde hatten ihnen einen Spezialisten für IVF (In-vitro-Fertilisation) empfohlen, und sie bekam zum Glück sofort einen Termin. Schon in der Schweiz hatte sich das Paar mit der Idee einer künstlichen Befruchtung auseinandergesetzt. «Wir haben viel darüber gelesen, mit Ärzten gesprochen. Es war eine richtige Tortur. Man wird herumgeschoben, kriegt schwer Termine, muss lange warten, wird oft unfreundlich behandelt», sagt Olivia Fischer. Besonders hart: Sie wurde immer wieder mit Vorurteilen konfrontiert, die sie schwer trafen. «Wer nicht in solch einer Situation steckt, sollte nicht urteilen. Ich habe mir an diversen Abendessen anhören müssen, dass es ganz schlimm sei, ein Kind im Reagenzglas zu zeugen. Das sei nicht gottgewollt. Man könne sich doch nicht einfach sein Wunschkind kaufen et cetera. Die Frauen meinten, sie würden nie IVF machen. Aber das waren meist diejenigen, welche ein Kind hatten!», sagt sie traurig. Sie hätte sich erhofft, dass diese Frauen wenigstens versuchten, sich in ihre Lage zu versetzen: «Man wünscht sich so sehr ein Baby, wird aber nicht schwanger.»

Die Entscheidung, IVF in den USA zu machen, hatte mehrere Gründe: zuerst die Freundlichkeit und Herzlichkeit. Olivia hat sich gut betreut gefühlt. «Es ist absolut kein Spass. Man nimmt als Frau so viel in Kauf: Medikamente, pumpt sich mit Hormonen voll, hat starke Nebenwirkungen», erklärt sie. Sie zum Beispiel war total untypisch launisch, hatte Wassereinlagerungen, Kopfschmerzen. Man spritzt sich täglich, was die meisten grosse Überwindung kostet. (Sie war das Spritzen aufgrund ihres Diabetes gewöhnt.) Die Länge und Intensität dieser Behandlung wird individuell auf die Patientin abgestimmt. Bei ihr dauerte sie einen Monat. Im März 2014 flog sie allein nach Los Angeles. Zwei Wochen zuvor hatte sie in der Schweiz mit den Medikamenten begonnen. Nun folgten tägliche Blutuntersuchungen, um den Hormonlevel zu kontrollieren. «Man spritzt sich einen regelrechten Cocktail, da darf nichts schiefgehen. Es ist eine psychisch wie physisch belastende Zeit.» Die fruchtbaren Eier wurden unter Vollnarkose entnommen. In den USA darf man danach etwas warten, damit der Körper sich wieder entgiftet, sich regeneriert von dem ganzen Stress. In der Schweiz ist das verboten. Das befruchtete Ei muss gleich eingesetzt werden. Olivia gönnte sich eine Pause. «Als ich mich stark genug gefühlt habe, bin ich zurück nach L.A. und habe mir unter Vollnarkose ein Ei einsetzen lassen», sagt sie.

Ist es nun tatsächlich so, dass man die Parameter des Babys bestimmen kann? «Wie weit man gehen kann, weiss ich nicht. Mein Partner und ich sind sehr europäisch. Wir haben uns entschieden, an den Eiern jene Tests machen zu lassen, die sonst während der Schwangerschaft mittels Fruchtwasseruntersuchung vorgenommen werden, etwa auf Trisomie, Erbkrankheiten und so weiter. Damit geht man ja nochmals ein Risiko ein als Schwangere. Ausserdem sagte uns der Arzt, welches Ei die grössten Chancen hätte», erklärt Olivia Fischer. «Das war ein Mädchen.» Mädchen sind in der embryonalen Entwicklung voraus. Bei Buben ist im Frühgeburtsstadium die Lunge oft noch nicht ganz ausgereift, und da sie die Tendenz zur Frühgeburt hat, war das auch ausschlaggebend für die Entscheidung.

Nachdem das befruchtete Ei eingesetzt war, begann die Achterbahnfahrt der Gefühle: zwischen Freude, Hoffen, Bangen, Sorgen, Glück, Zuversicht, Angst ... Die damals 30-Jährige spürte schnell: Der Schritt war richtig gewesen, egal, was auf sie zukommt. Die Sonnenenergie in Kalifornien half ihr. Und wohl auch die Distanz zur Heimat. «Ich wurde nicht dauernd darauf angesprochen, war meist alleine. Das hat mich mental stärker gemacht.» Nach dem Einsetzen muss sich die Frau extrem starke Medikamente in den Muskel spritzen, damit das Ei vom Körper gut aufgenommen wird. Olivia Fischer bekam eine Muskelentzündung, musste die Medikamente absetzen, was die Chance, dass das Ei hält, verringerte. Ein Rückschlag, aber sie blieb optimistisch. Zehn Tage später erfährt man mit einem Bluttest, ob es geklappt hat. «Ich hatte an dem Tag ein Shooting. Mir war so übel, dass ich um fünf Uhr am Morgen in einen Drugstore ging und drei Schwangerschaftstests kaufte. Alle drei waren positiv! Ich habe gleich meinen Mann angerufen. Obwohl ich den halben Tag auf der Toilette verbrachte, war ich überglücklich. Am Abend nach dem Job ging ich zum Bluttest. Er war auch positiv!», erzählt die Beauty mit einem Lächeln.

Sie sei durch die Vorgeschichte sicher geprägt gewesen: «Man geht anders ran als beim ersten Mal. Ich war in der ersten Schwangerschaft eine happy Schwangere, ich habe es geliebt. Beim zweiten Mal war ich extrem besorgt. Die Angst war so dominant. Ich war übervorsichtig, machte keine Reisen mehr, keinen Sport, ging nicht einmal mehr spazieren. Ich hatte Schlafstörungen, habe mir dauernd Gedanken gemacht. Schon sehr früh hatte ich wieder Blutungen, sodass ich nichts mehr heben durfte und immer wieder liegen musste. In der 20. Woche hatte ich das erste Mal Wehen. Gott sei Dank hat das Baby bis zur 36. Woche ohne Medikamente gehalten.» Das Baby kam einen Monat zu früh zur Welt. Auch mittels Kaiserschnitt. Alles war gut.

Elin heisst das Töchterchen. «Der Name bedeutet die Zufriedene, die Strahlende. Das passt total. Sie ist ein Sonnenschein. Wir könnten nicht glücklicher sein», so die Mama. Ist sie denn eine Glucke mit Elin, weil sie fürchtet, das Glück könnte zu leicht zerbrechen? «Am Anfang hatte ich sehr grosse Verlustängste. Ich liess sie das erste Jahr bei mir im Bett schlafen. Ich war sicher übervorsichtig. Vielleicht ist sie auch heute noch ein überbehütetes Kind, aber ich werde immer besser», sagt sie schmunzelnd. An weiteren Nachwuchs denkt sie derzeit nicht. «Sag niemals Nie. Ich hätte mir gewünscht, auf einfachere Art mehrere Kinder zu kriegen. Die Eizellen, die entnommen und befruchtet wurden, sind eingefroren und für mehrere Jahre aufbewahrt. Die Qualität wird dadurch nicht verändert. Man müsste wieder eines einsetzen.» Vielleicht war es eine Kombination aus diversen Gründen, warum es auf natürliche Art nicht geklappt hat. «Ein Hormondurcheinander, Stress, Medikamente, der Druck, schwanger werden zu wollen. IVF ist wirklich ein harter Weg, den ich nur dann beschreiten würde, wenn es nicht anders geht.» Durch ihre Frühgeburtstendenz kommt aber ein Baby demnächst auch deshalb nicht infrage, weil sie sich ganz Elin widmen möchte. «Ich kann nicht ein paar Monate ausfallen, liegen und nicht für sie da sein. Ich will auf keinen Fall, dass sie darunter leidet. In den ersten Jahren baut man eine so intensive Bindung zu seinem Kind auf. Die Zeit wollen wir gemeinsam geniessen. Darum stresse ich mich nicht», sagt das junge Mami.

Hat sie auch nach der Geburt des Kindes noch mit Vorurteilen zu kämpfen? «Ja. Darum brauchte ich lange, um offen darüber zu reden. Es ist ein Tabuthema, man spricht nicht gerne drüber. Vieles, was man liest, stimmt nicht. In der Schweiz wird man oft komisch angeschaut mit einem IVF-Kind. In den USA ist das ganz normal. Ganze Schulklassen wurden so gezeugt. Es ist doch so, dass man dieses Kind unbedingt wollte! Es ist ein Geschenk, das die Eltern unendlich zu schätzen wissen. Ich bin dafür einfach nur dankbar.» Auch wenn das für ihre Familie kein Problem war, die finanzielle Belastung ist gross. In der Schweiz zahlt die Krankenkasse nur die Abklärung und drei Inseminationen, die Vorstufe zur künstlichen Befruchtung. Olivia Fischer wird sich in Zukunft dafür einsetzen, dass Paare, die sich das nicht leisten können, unterstützt werden. Mittlerweile wird die Zürcherin oft auf das Thema angesprochen oder angeschrieben. «Mir persönlich half es sehr zu wissen, dass andere Frauen das Gleiche durchmachen. Ich habe eine Hochachtung vor jenen, die diesen schwierigen Weg gehen müssen. Bei mir hat es beim ersten Mal geklappt. Aber ich hatte auch schon einige Gespräche mit Frauen, bei denen es erst beim achten Mal erfolgreich war. Oder traurigerweise sogar gar nicht. Wahnsinn! Was für eine körperliche und psychische Belastung, auch für das Umfeld und die Beziehung.» Sie führte damals ein Tagebuch, schrieb alle Hochs und Tiefs nieder. Kürzlich blätterte sie mal wieder darin. «Der Mensch ist so gemacht, dass er sich an das Schöne erinnert. Und ich habe jeden Tag unseren Schatz Elin vor Augen.»

Auch der Tochter gegenüber gehen die Eltern offen mit dem Thema um. «Ich werde ihr zu gegebener Zeit sagen, wie sie entstanden ist. Das ist für mich kein Tabu», so die Mutter. Mit der Hochzeit hat das Paar gewartet, bis es nun im Juli 2015 sein Familienglück, beschienen von der Sonne Capris, besiegelte.

STECKBRIEF

Olivia Fischer, 32, ist Kaschmir-Unternehmerin mit dem Label Caren Pfleger.
Die ehemalige Miss Zürich (2004) lebt mit ihrem Mann und der gemeinsamen Tochter Elin (geboren 2014) am Zürichsee.

NEUBEGINN BEI NULL

Aufmerksamkeit, Anerkennung und Applaus machen süchtig. Wo den Adrenalinkick herholen, wie das Rampenlicht imitieren, das die Bestleistungen einst beleuchtete? Wenn Spitzensportler ihre aktive Laufbahn beenden, lassen sie noch mehr zurück als andere, die sich beruflich umorientieren. Gewisse Parameter sind aber gleich, gerade wenn der Erst-Job erfolgreich verlief. Fängt man irgendetwas neu an, trennt sich die Spreu vom Weizen. Meist geht damit ein Verlust an Prestige sowie finanziellen Mitteln einher. Dann merkt man schnell, wer seine wahren Freunde und nicht nur «Friends» sind. Dass man von vielen nur eingeladen wurde, weil man jemand war oder zumindest ein wichtiger Knotenpunkt im Netzwerk, diese Erkenntnis tut weh. Wer kürzlich noch ganz oben stand und wieder ganz unten beginnt, braucht enorme Energie. Je höher in der Hierarchie, je wichtiger die Person, je grösser ihr Einfluss, desto tiefer der Fall. Die Dimension der psychischen Belastung lässt sich auch daran ermessen. Am leichtesten tun sich jene, die den Neubeginn selbst wählen. Schwerer die, deren Karriere ein Ablaufdatum hatte. Am schwersten jemand, der nicht damit gerechnet hat.

Biete Top-Position, suche Glück: In den USA ist Downshifting schon weitverbreitet. Es handelt sich um eine alternative Lebensart, bei der die Arbeitsbelastung bewusst auf ein individuell gewünschtes Mass reduziert und Konsumverzicht geübt wird, um die so gewonnenen Freiräume für mehr Vielfalt und Lebenssinn zu nutzen. Einen Gang zurückschalten – was Downshifting wörtlich heisst – kann man auf zahlreiche Arten: Indem man die Arbeitszeit verringert, eine Beförderung ablehnt, die Ansprüche runterschraubt, Berufsziele niedriger steckt, bis hin zur Kündigung, dem Wechsel der Branche oder einem Aussteiger-Dasein. Oft wird der Druck zu gross – von oben belasten die hohen Erwartungen, von unten drängen die Nachkommenden. Um allem gerecht zu werden, passt man sich immer mehr an. Zudem ermüdet das hohe Tempo, und man rast auf ein Burn-out zu. Downshifter werden immer jünger. Weil die anderen Interessen neben dem Job auf der Strecke bleiben, suchen sie nach einem alternativen Lebensentwurf. Zweifel am Karrierespiel bekommen häufig Personen, die sich schon früh festgelegt haben. Geradlinige Lebensläufe sind nicht immer die zufriedenstellendsten. «Was wäre wenn?»-Gedanken setzen eine Sinnsuche in Gang, die mit an Sicherheit grenzender Wahrscheinlichkeit Veränderungen nach sich zieht. Wer wirklich glücklich ist, fragt sich nicht, ob er es ist ... Viele wollen eine Tätigkeit ausüben, die mehr Platz fürs Privatleben lässt oder mehr Erfüllung bringt. Aber auch wer nicht alles umkrempelt, sondern bloss reduziert, gewinnt einiges, nämlich Zeit und Freude. Dafür verzichten sie gern auf Wohlstand, Macht und Ansehen. Im Umfeld stösst dieser Schritt regelmässig auf Unverständnis. Da heisst es, das Kopfschütteln übersehen und den vermeintlichen Rückschritt selbstbewusst angehen! Leichter gesagt als getan, birgt jede grössere Veränderung doch Unsicherheit. Das Vorhaben wird als bedrohlich empfunden, was es finanziell und sozial durchaus sein kann. Das sollte man sich bewusst machen. Gerade Erfolg gilt als Statussymbol, zahlreiche Menschen definieren sich stark über den Beruf. Ausserdem gibt dieser den Tagen Struktur. Und bestimmt das Umfeld mit. Wer eine Führungsposition innehatte, muss erst mal lernen, das Chefsein aufzugeben – innerlich wie äusserlich. Eventuell ist das Runterfahren auch nur ein Zwischenstadium: zum Luft holen, Kraft tanken, neue Ideen generieren, um sich weiterzuentwickeln – um Anlauf auf einen anderen Karrieregipfel zu nehmen.

Eine neue Rolle muss nicht gleich eine Identitätskrise bedeuten. Sie ist eine Chance, sich frisch zu definieren: 1. Die Analyse des Ist-Zustands. Dabei stellt man sich Fragen wie «Langweilt mich mein Job?», «Wie stark belastet der Stress?», «Wie gehe ich mit der Verantwortung um?» 2. Das Überlegen von Alternativen. Unter welchen Umständen würde man sich wohler fühlen? Reicht ein Verändern der Randbedingungen nicht aus, kommen Downshifting oder ein Jobwechsel infrage (eventuell sogar in eine andere Branche). Es ist wichtig, konkrete Vorstellungen von der künftigen Arbeit zu haben. Gespräche mit Insidern helfen dabei; nicht selten erfährt man obendrein von einer Ausbildungsmöglichkeit oder offenen Stelle. 3. Ist die Entscheidung getroffen, sollte das Umfeld einen unterstützen. Derjenige selbst muss allenfalls seinen gewohnten Lifestyle zurückschrauben. Und möge bei aufkommenden Zweifeln und Schwierigkeiten, die programmiert sind, stets an das denken, was er mit der Veränderung gewonnen hat.

Wer den Ausstieg nicht freiwillig wählt, fühlt sich ausrangiert und/oder alt. Eine Weiterbildung kann in solch einer Situation eine gute Idee sein. Auch einfach so, ohne konkreten Plan, was damit anfangen. Denn neue Kenntnisse bringen immer was, gerade für die persönliche Entwicklung, weil man aus dem Gewohnten rauskommt. (Most progress takes place out of your comfort zone.) Es eröffnet einen anderen Blickwinkel, und manchmal ergeben sich im Zuge dessen wieder Job-Perspektiven. Womöglich wird auf einmal klar, dass die Abkehr vom Alten sowieso längst überfällig war?! Jetzt ist es Zeit zu träumen, von den Dingen, die man immer schon mal machen wollte. Und dann los ... Das Neue als Herausforderung annehmen fällt vielen schwer. Ein Tipp: sich an Sportlern orientieren. Die sehen Niederlagen nicht als generelles Scheitern an, sondern nur als kurzfristigen Rückschlag, der einfach dazugehört. «Ein echter Champion steht nach Niederlagen immer wieder auf», so die Parole des erfolgreichsten Fussballers der Schweiz, Alex Frei, der seine Fussballer-Karriere 2013 beendete.

Ist es ein geplanter Umstieg, kann man darauf hinsteuern und sich unter anderem ein finanzielles Polster schaffen. Bestenfalls hat man sich schon ein zweites Standbein aufgebaut. Ist es unfreiwillig, sollten Betroffene ob der diversen Ängste, die sie befallen, nicht in Panik geraten. Sondieren, was Sicherheit bietet (Familie, Freundeskreis, Dinge, die sie mit Leidenschaft gern und gut machen), das forcieren, was bisher zu kurz kam, auf sich achten und seine Stärken kennen. Auf dieser Basis kann man frei wählen, nämlich «Das will ich machen» und nicht «Das muss ich machen». Haben jahrelang die Kategorien Erfolg versus Misserfolg, Sieg versus Niederlage gegolten, sind es jetzt die Schattierungen dazwischen. Und auch die können sehr reizvoll sein.

Sarah Meier musste sich nach der grossen Karriere neu finden

In Hollywood gilt die Parole: «If you gotta go, go big.» Was so viel bedeutet wie: «Wenn du gehst, dann mit einem Paukenschlag.» Besser hätte es auch Hollywood nicht inszenieren können. Noch einmal betrat Sarah Meier das Eis, vor heimischem Publikum in Bern an der Europameisterschaft. Bei der letzten Kür ihrer Karriere kam sie als letzte Läuferin – und holte sich zum ersten Mal Gold an einem grossen internationalen Wettbewerb. Mit dem Europameistertitel im Eiskunstlauf 2011 beendete die gebürtige Bülacherin ihre Laufbahn. Auf das «grande finale» folgte eine Zeit der Ruhe. Zum ersten Mal in ihrem Leben waren Sarah Meiers Tage nicht streng durchgeplant. Sie war frei. Aber wofür? «Ich bin in ein Loch gefallen. Der Winter war noch recht aktiv, aber das Frühjahr, wo weniger los war, empfand ich als furchtbar.» Was sie machen wollte? «Keine Ahnung!»

Nach dem Rücktritt 2011 lief Sarah Meier zwei Jahre lang nur Shows. Diese Zeit war sehr schwierig: Zwar standen Sponsorentermine hie und da, Charitys, Referate, selbstständiges Training, die Auftritte bei «Art on Ice» und ein paar Shows auf dem Programm, aber im Frühling waren es manchmal nur zwei Termine pro Monat. Ein Leben so ohne Struktur und Ziel, damit hatte die Ex-Profisportlerin Mühe. Ihre Unzufriedenheit deutete sie als Zeichen, etwas zu ändern, denn nur damit war sie nicht mehr ausgefüllt. «Keiner merkte, wenn ich am Morgen aufstand; hätte ich den ganzen Tag geschlafen, hätte das auch keiner gemerkt. Mit zu viel Freiheit kann ich nicht gut umgehen. Ich habe zehn Sachen, die ich machen könnte, und am Schluss mache ich gar nichts. Steht aber fest, was ich wann wo zu tun habe, klappt es super», gesteht sie ein.

Dabei wäre Zeit zum Planen der Zukunft gewesen. Beim Eiskunstlauf setzt man sich schon früh mit dem Rücktritt auseinander. Die meisten hören in einem Alter auf, in dem andere noch gar nicht an eine berufliche Karriere denken. «Alle meine Kolleginnen, mit denen ich trainiert habe, haben mit circa zwanzig aufgehört. Ich habe mich oft gefragt: ‹Ist es jetzt für mich so weit?›,

‹Wann ist ein guter Zeitpunkt?›», sagt Sarah Meier. Als Sportlerin dachte sie im Olympiarhythmus. 2006 war sie erst zweiundzwanzig und entschied sich, nochmal vier Jahre dranzuhängen. Danach wusste sie, es wird bald vorbei sein. Obwohl der Sport alles von ihr abverlangte, fing sie mit neunzehn nach der Matura an, Biologie zu studieren. «Ich war jung und naiv und meinte, das geht so nebenbei», gibt die junge Frau zu. Gleich in den ersten paar Wochen wurde klar, es geht nicht. Naturwissenschaften hätten sie interessiert, dafür braucht es etwa fünfunddreissig Stunden in der Woche. Nur schon die Hälfte war zu viel für sie. «Ich war im Training am Überlegen, welches Buch ich für die Vorlesung noch lesen sollte, und gleichzeitig stresste ich mich vom Training an die Uni, kam ausser Atem an und war nicht wirklich konzentriert.» Der Plan war, anstatt acht Jahre halb zu studieren und halb eiszulaufen, lieber vier Jahre eislaufen und danach studieren. Daraus wurden bekanntlich mehrere Jahre. Darum schlug sie einen anderen Weg ein ohne Studium. Mitentscheidend war sicher, dass sie sich mit achtundzwanzig ein wenig alt gefühlt hätte unter den jungen Studenten, die frisch von der Matura kommen.

Zum Journalismus kam sie durch Zufall. «Mein Manager war einst Sportredaktor bei der SI und kannte den Chefredaktor. Ich durfte ein Praktikum machen und habe realisiert, dass ich gut bin in Rechtschreibung, ein gewisses Talent für Sprache und ein Gefühl fürs Schreiben habe. Zudem macht es mir Spass», sagt sie. Sie konnte bleiben und beendete gerade die zweijährige Ausbildung an der Ringier-Journalistenschule. «Man fängt ganz unten bei null an. Aber ich will auf gar keinen Fall irgendwo eine Spezialbehandlung, nur weil ich Eiskunstlauf besser gemacht habe als andere.» Wird die junge Frau aufgrund ihrer Vergangenheit gar härter angepackt? «Mir wird sehr viel zugetraut. Ich glaube, meine Chefs spüren, dass ich belastbarer bin durch den Spitzensport. Aber das ist okay. Es freut mich sogar.» Es ist ja wirklich so, dass Spitzensportler diszipliniert, organisiert, zielorientiert und ausdauerfähiger sein müssen, und das kann man dann auch im Job erwarten. Sie habe zum Beispiel keine Mühe, sich zu konzentrieren. Auch wenn es im Büro, das sie mit vier Kollegen teilt, laut ist, lässt sich die Nachwuchs-Journalistin nicht ablenken. Fängt sie eine Arbeit an, zieht sie sie bis zum Ende durch ohne grosse Pausen. «Ich kenne mich sehr gut, sodass ich weiss, was ich kann und was ich nicht kann. Das kommuniziere ich offen und frage bei Bedarf nach Hilfe. So wächst mir nichts so schnell über den Kopf. Ich bin pflichtbewusst, aber nicht karriereorientiert und kompetitiv. Konkurrenzdenken liegt mir fern. Das habe ich auf dem Eis ausgelebt. Das merke ich auch in anderen Bereichen, zum Beispiel bei Spiele-Abenden. Mir ist eigentlich am liebsten, ich verliere beim Jassen, Billard, Bowling oder Tennis, weil es mir egal ist, die anderen aber manchmal hässig werden», sagt sie.

Hat sie ein Nachholbedürfnis? «Nein, ich konnte alles machen – in Massen.» Zum Beispiel einmal im Jahr in den Ferien einen Tag Ski fahren. Ausgang lag auch drin, wenn auch nicht bis um fünf Uhr am Morgen und nicht jedes Wochenende. Irgendwie sei es sogar gut so gewesen. Die Vorfreude darauf war umso grösser. Selbst jetzt, wo die 31-Jährige tun und lassen kann, was sie will, findet sie es gar nicht so lässig, jedes Wochenende Party zu machen. Als Sarah Meier mitten in der Eislaufkarriere steckte, hat sie überhaupt nicht registriert, wie diszipliniert sie war. «Ich dachte, andere trainieren noch viel mehr, der Massstab war extrem hoch. Mit Abstand betrachtet, sehe ich, wie hart ich zu mir war. Ich hätte nie ein Training ausfallen lassen, weil ich keine Lust hatte, oder wäre spontan ein paar Tage verreist. Das ist der grösste Vorteil: dass ich heute mehr spontane Sachen machen kann.»

Mit Eislaufen wird man nicht reich, wenn man nicht zur absoluten Weltspitze zählt. Das Geld sei aber nie Sarah Meiers Ziel gewesen. «Ich wollte mir vier Jahre Studium finanzieren nach der Karriere, ohne meine Eltern um Geld bitten zu müssen. So viel habe ich mir erspart. Sie haben mich früher sehr unterstützt und viel in den Sport gesteckt. Ich musste, auch als ich verdient habe, nichts abgeben und durfte bis fünfundzwanzig daheim gratis wohnen. Ich habe jetzt schön was auf der Seite.» Mit zum Schwierigsten beim Neustart nach ihrer aktiven Laufbahn gehörte das Loslassen. «Man muss akzeptieren, dass man nicht mehr die gleiche sportliche Leistung bringen kann, dass eine Zwölfjährige schwierigere Sprünge schafft. Sich von dem verabschieden, was man mal konnte.» Seit 2002 sucht sie einen Sportpsychologen auf. In den ersten zwei Jahren nach dem Rücktritt zeigte er ihr Optionen auf. Nun sehen sie sich noch ein-, zweimal pro Jahr privat oder um in Sportpsychologievorlesungen von ihrer gemeinsamen Arbeit zu erzählen.

Wie war ihr Rücktritt für Sarah Meiers Familie? «Es war eher eine Erleichterung. Ich wohnte daheim, und in den letzten Jahren meiner Karriere ging es mir mehrheitlich schlecht. Die vielen Verletzungen haben sich auch seelisch und mental ausgewirkt», sagt sie. Ihre Familie wünschte ihr so sehr ein Erfolgserlebnis und dass sie nicht so leiden muss. Oft fragten sie Sarah, ob sie nicht aufhören wolle. «Ich kann mich nicht verstellen. Kam ich daheim zur Tür herein, wussten meine Eltern schon beim ‹Hallo›, dass das Training schlecht gelaufen war. Ich war frustriert, sie haben versucht, mich wieder aufzubauen. Es war keine angenehme Zeit. Und irgendwann nach Hunderten von Wettkämpfen und Shows war auch das Zuschauen nicht mehr so spannend.»

Sport ist weiterhin ein Teil ihres Lebens. «Ich fühle mich erst wohl, wenn ich mich einmal am Tag bewegt habe», sagt Meier. Sie rennt, fährt Velo, geht ins Fitnesscenter und steht noch ein- bis zweimal pro Woche auf dem Eis für kleinere Auftritte. «Gerade geht es mir gut und ich vermisse nichts. Aber vielleicht kommt der Moment, wo mir etwas fehlen wird: der Applaus, die Aufregung vor einer Show, der Augenblick, wo es darauf ankommt, das Im-Scheinwerferlicht-Stehen vor Publikum, der Adrenalinkick – das macht süchtig. Meine Emotionen durch die Bewegung zur Musik auszudrücken, war wunderbar», sagt sie ein wenig wehmütig. Um die körperliche Energie loszuwerden, tanzt sie daheim in der Stube rum. So lange hat sie ein Leben mit unzähligen Höhen und Tiefen gehabt, dass es nun okay ist, wenn es mal mehr in der Mitte verläuft. «Am Schluss waren die Nervosität und Anspannung fast zu belastend. Im Alter wurde ich empfindlicher dafür. Jetzt ist mir wichtig, Lob für einen Artikel zu bekommen oder jemandem mit einer Geschichte eine Freude zu bereiten.»

Wäre Sarah Meier nochmals sechzehn, würde sie etwas anders machen? «Ja. Erstens mehr schauen, was die anderen alles tun für ihre Karriere im Spitzensport. Um einen Vergleich zu haben und mich besser orientieren zu können. Zweitens mehr auf den Körper hören, früher mit gezieltem Kraftaufbau beginnen, mehr Stretching und Therapie machen», sagt sie. Und wo sieht sie sich in zehn Jahren? «Dann habe ich hoffentlich eine Familie und arbeite im Journalismus Teilzeit.» Ihren Freund, den Schweizer Triathleten Jan van Berkel, 29, hat sie nach dem Ende ihrer Profi-Zeit kennengelernt. «Ich war sieben Jahre lang Single und hätte mir früher einen Partner gewünscht. Oft habe ich mich gefragt, warum andere Spitzensportler eine Beziehung führen können, ich jedoch allein bin. Mein Mami meinte immer, wann und wie ich eine Partnerschaft denn unterkriegen will?», gibt sie zu bedenken. «Jan ist auch Spitzensportler. Wäre ich noch eine aktive Athletin, würde unsere Beziehung darunter leiden, wenn beide derart unter Anspannung stehen.» Mit Jan wünscht sie sich Kinder – und ja, die dürfen ruhig eine Eislaufkarriere einschlagen.

STECKBRIEF

Sarah Meier, 31, wurde mit 15 erstmals Schweizer Meisterin im Eiskunstlauf. 2007 gewann sie ihre erste Medaille an einem grossen internationalen Wettbewerb, als Zweite an der Europameisterschaft. 2011 wurde sie Europameisterin, zur Schweizer Sportlerin des Jahres gewählt – und trat zurück. Heute arbeitet sie als Journalistin.

STALKING

Was haben Beyoncé, Rihanna, Madonna, Jennifer Lawrence, Halle Berry, Michelle Hunziker, Usher, John Cusack und Alec Baldwin gemeinsam? Sie alle sind berühmt – und Stalking-Opfer. Die unangenehme Seite des Ruhms ist, dass öffentliche Figuren einem viel höheren Risiko ausgesetzt sind, die ungesunde Obsession von jemandem zu werden. Bei Oscar-Gewinnerin Halle Berry ging das so weit, dass sie unzählige Liebesbriefe von einem Mann erhielt, der verbreitete, er sei ihr Verlobter. Er sandte ihr einen Ring zu, «weil Gott wolle, dass sie heiraten». Das Management musste dementieren. Der Liebeskranke wurde verhaftet. Moderatorin Michelle Hunziker versetzten schon mehrere Stalker in Angst und Schrecken. Monatelang litt sie unter einem Mann, der ihr nachreiste, ihr SMS und Briefe schrieb, sie mit nächtlichen Anrufen belästigte und derart terrorisierte, dass sie ohne Bodyguard das Haus nicht mehr verliess. Nach der Verhaftung des Italieners gründete sie den Verein Doppia Difesa (auf Deutsch Doppelverteidigung), der sich Opfern von Gewalttaten annimmt. Auch in Madonnas Leben versuchten schon einige Stalker einzugreifen. Einer brach in ihr Haus ein und stahl eine Red-Bull-Dose der Popsängerin, um ihr nahe zu sein.

Als Stalker definiert man eine Person, die anderen wiederholt nachstellt, sie bedrängt, verfolgt oder belästigt, sodass deren körperliche oder geistige Unversehrtheit gefährdet oder geschädigt ist. Der Begriff kommt aus dem Englischen und wird von Jägern verwendet, um das Anschleichen, Heranpirschen an Wild zu beschreiben. In vielen Ländern ist Stalking ein Straftatbestand. Nicht so in der Schweiz (das Recht auf Bewegungsfreiheit steht dem Gefühl einer diffusen Belästigung gegenüber und überwiegt). Betroffene können allerdings eine zivilrechtliche Fernhalteverfügung erwirken, dann darf sich der Stalker der Person nicht mehr nähern und keinen wie auch immer gearteten Kontakt zu ihr aufnehmen. Die Missachtung steht unter Strafe. Direkt strafrechtliche Konsequenzen hat es, wenn jemand ein Delikt begeht, zum Beispiel Nötigung oder Missbrauch einer Fernmeldeanlage. Obwohl man von Stalking erst dann spricht, wenn die Belästigung über einen längeren Zeitraum wiederholt passiert, ist die Opferzahl erschreckend hoch. Ungefähr jeden Zehnten betrifft es mindestens ein Mal im Laufe seines Lebens. Die Spielarten sind vielfältig und reichen von Telefonterror, sexueller Belästigung am Telefon, Verfolgen, vom Auflauern vor dem Haus, Schicken oder Überreichen von Liebesbriefen oder Geschenken, Schreiben unzähliger SMS oder E-Mails, Hinterlassen von Nachrichten auf dem Auto über das Beschädigen des Eigentums, das Einbrechen in die Wohnung bis zum Nötigen oder Verletzen des Opfers. Was bringt einen Menschen dazu, so etwas zu tun? Stalker haben oft ein geringes Selbstwertgefühl. Verschmähte Liebe ist ein Auslöser. Genauso wie Rache. Oder der Wunsch nach Macht und Kontrolle über einen anderen.

Ihre Opfer fühlen sich macht-, hilf-, wehrlos, denn sie wissen nie, wann er wieder zuschlägt. Die Belastung äussert sich psychisch wie physisch. Sie leiden an Schlafstörungen, Herzrhythmusstörungen, der Kreislauf spielt verrückt, und die ganze Sache schlägt ihnen auf den Magen. Viele können sich im Alltag kaum noch konzentrieren, ihre Leistungsfähigkeit nimmt ab, was wiederum Auswirkungen auf ihren Arbeitsplatz hat. Sie sind gereizt, wollen sich aber nicht erklären, weil sie kaum noch anderen vertrauen – vor allem neue Kontakte sind da schwierig. Wer sich ständig beobachtet und verfolgt fühlt und nicht einmal mehr in den eigenen vier Wänden Sicherheit und Geborgenheit findet, kommt nie zur Ruhe. Das kann sogar zu Panikattacken, Depression oder Suizidgedanken führen. Auf jeden Fall fühlen sich die Opfer eingeengt und unfrei. Ihre Reaktion? Sie ziehen sich oft aus dem Umfeld zurück und versuchen, alle Orte zu meiden, an denen sie dem Stalker begegnen könnten, weil sie glauben, durch das Vermeiden die Kontrolle wiederzuerlangen. Das hat natürlich Konsequenzen auf ihr Sozialleben, und es wird klar: Länger dauerndes Stalking bedeutet einen krassen Eingriff in die Lebensqualität des oder der Betroffenen.

Was kann man selbst dagegen tun? Wichtig wäre, schon bei den ersten Anzeichen die Grenzen aufzuzeigen. So besteht noch eine realistische Chance, den Stalker auf Distanz zu halten! Sofort und unmissverständlich klarmachen – am besten unter Zeugen –, dass kein Kontakt erwünscht ist, und er derartiges Verhalten unterlassen soll. Eine Beratungsstelle aufsuchen, die einen über mögliche Massnahmen informiert und in jeder Lage kompetent unterstützt. Mit Freunden und Verwandten über die Situation reden. Beweise aufheben beziehungsweise speichern, allenfalls die Aussagen von Augen- und Ohrenzeugen aufnehmen. Dabei leistet ein Tagebuch gute Dienste, mit dem der Verlauf rekonstruiert werden kann. Es hilft auch dabei, seine Gedanken zu ordnen. Bei Telefonterror eine neue Nummer beantragen und die alte in Betrieb lassen, sodass der Anrufer glaubt, seine Aktionen kämen an. Falls nötig, psychologische oder ärztliche Hilfe in Anspruch nehmen. Und den eingeschlagenen Weg konsequent weiterverfolgen. Jede Nettigkeit, jedes Zögern mag als Zeichen verstanden werden, und die Belästigungen potenzieren sich!

Daniel Gygax: Der Fussballer wurde schon mehrmals Opfer eines Stalkers

Er erinnert sich, als sei es gestern gewesen. Dabei ist seine Zeit beim FCZ ein Spielerleben lang her. Siebzehn war der Aargauer, als er von Baden zum Renommee-Club nach Zürich wechselte. Und schnell zum Publikumsliebling avancierte wegen seines findigen Offensivspiels. Und weil er auffiel: Er liess sich tätowieren, als Kicker unter dem Trikot noch unberührte Haut zeigten. Legte nebenbei als DJ auf, als das noch ein Job für Insider war. Und seine markigen Äusserungen sprachen den einen aus dem Herzen oder stiessen den anderen sauer auf. Kalt liess Daniel Gygax jedenfalls keinen. Dass er gerade in seinen Glanzzeiten – auch mit der Schweizer Nati an der Euro 2008 – nicht unbelastet auf dem Feld stand, merkte man ihm nicht an.

«Meinen ersten Stalker hatte ich mit ungefähr siebzehn. Ich hatte gerade vom FC Baden zum FC Zürich gewechselt und einen gewissen Bekanntheitsgrad erreicht. Es gab einen älteren Mann, der immer ins Training kam, um zuzuschauen. Am Anfang fiel er mir nicht weiter auf, aber er kam fast täglich. Egal, wie lange ich auf dem Platz blieb, er hat bis zum Schluss auf mich gewartet. Dann fing er an, mir Geschenke zu überreichen», sagt der heute 33-Jährige rückblickend. Er war gerade daheim ausgezogen und hatte seinen Eltern zunächst nichts davon erzählt. «Der Mann fand heraus, wo meine Eltern wohnten, kam zu ihrem Haus, läutete und gab Sachen für mich ab. Ich habe sie dann gewarnt und ihnen gesagt, dass mir der Mann schon aufgefallen sei. Dass er auf mich wartet, mich anspricht und mir Sachen bringt. Die Geschenke waren zuerst Kleinigkeiten, Esswaren, Schokolade oder Orangensaft – nichts davon habe ich angerührt. Dann fing er an, mir Bajazzos zu schenken. Diese italienischen Clowns mit den grossen Mützen sind ja irgendwie gruselig. Ausserdem lagen den Präsenten bald kleine Spickzettel bei. Auf einem stand, ich sähe aus wie ein weisser Schwan, wenn ich mich bewege. Es waren lauter seltsame Komplimente und Botschaften. Es war total abgefahren», erinnert sich Gygax.

Die ganze Situation hat ihn ziemlich mitgenommen. Jeden Morgen hoffte er, der Stalker möge heute nicht ans Training kommen. Er mochte ihn auch nicht auf sein Verhalten ansprechen. Erstens wollte er ihm nicht so nahe kommen. Zweitens fürchtete er, es werde vielleicht schlimmer dadurch. «Zum Glück bist du als junger Mann so unbedarft, dass dich das nicht wahnsinnig macht. Du hast hundert andere Dinge im Kopf. Aber seine Hartnäckigkeit und die Regelmässigkeit haben mich schon nachdenklich werden lassen», sagt Daniel Gygax. «Der Stalker war damals ein Thema in mir. Es war mir sehr unangenehm. Meine Eltern haben sich grosse Sorgen gemacht. Sie haben mir geraten, ihm aus dem Weg zu gehen, und wenns gar nicht mehr gehe, dem Trainer Bescheid zu sagen.»

Erst als Gygax seine Freundin kennenlernte und sie öffentlich zeigte, hörte der Stalker auf, ihm nachzustellen. Er war 21, als sie heirateten. «In der Zeit haben sich meine Eltern getrennt. Mein Wunsch, Vater zu werden und eine Familie zu gründen, hat sich dadurch noch verstärkt. Im Nachhinein betrachtet war der Schritt zu früh.» Seine erste Frau hat sich um die Fanpost gekümmert. Die zweideutigen Angebote, die es sicher auch gab, bekam er eher früher, als er noch nicht verheiratet war. Und sollte doch mal eines darunter gewesen sein, nahm man das mit einem Lächeln hin. Solange es im Rahmen bleibt, ist das überhaupt kein Problem. «In der Schweiz sind die Menschen sowieso zurückhaltend und einigermassen human. In Frankreich oder Deutschland, wo ich auch gespielt und gelebt habe, ist das ganz anders», sagt der Fussballprofi.

Doch es sollte nicht bei dem einen Fall bleiben. 2008 belästigte Gygax erneut ein Stalker. Es war ein Fan aus Metz, wo der Mittelfeldspieler damals unter Vertrag stand. Auch er kam an alle Trainings, suchte seine Nähe, sprach ihn an, war dauernd präsent. Während der Euro war der Schweizer mit der Nationalmannschaft in Feusisberg stationiert. Der Stalker kam ihm aus Frankreich nachgefahren und wurde vor dem Hotel vom Sicherheitschef des Teams abgefangen. Als die Mannschaft von einem Match zurück ins Hotel kam, machte er Gygax auf ihn aufmerksam. «Er meinte, da lauere einer mit französischer Autonummer, der spreche nur von mir und wolle unbedingt mein Leibchen. Er zeigte mir das Foto vom Fahrausweis, und ich erkannte den Mann aus Metz.» Der Sicherheitschef wollte ihn entfernen lassen, aber der Kicker wollte kein Drama. «Der arme Kerl fährt extra von Frankreich in die Schweiz wegen mir und wird fast noch von der Polizei verhaftet. Ich unterschrieb ein Leibchen und bat ihn, dem Franzosen das zu geben und ihn gehen zu lassen. So bin ich halt», sagt er. Der Mann durfte ihm dann nicht mehr nahekommen. In der nächsten Saison, als er von Frankreich nach Deutschland wechselte, wars mit dem Stalker vorbei.

«Klar, habe ich mich danach gefragt, warum wieder ich? Ich bin oft zu nett. Viele Kollegen beachten die Fans nicht besonders. Sie gehen weiter, wenn sie angesprochen werden, oder geben nur schnell irgendwo ihre Unterschrift drauf. Ich bemühe mich. Mir liegt der Kontakt am Herzen. Egal, aus welcher Altersgruppe, egal, wie gut sich jemand mit Fussball auskennt, kommt er zu mir, nehme ich mir Zeit. Ich haue nicht ab nach zwei, drei Sätzen.» Daniel Gygax möchte offen sein für die Leute. Doch die Freundlichkeit kann leicht falsch verstanden werden, nämlich als Aufforderung zu mehr. Was, wenn ihn eine Frau gestalkt hätte? Hätte er die Sache dann als weniger schwerwiegend empfunden? «Wäre ich von einer Frau gestalkt worden, hätte ich mich vielleicht geschmeichelt gefühlt. Da es beide Male Männer waren, fand ich ihr Verhalten schneller suspekt. Ich habe mir auch überlegt, ob ich von mir aus Signale gesendet habe, sodass sie sich zu irgendetwas aufgefordert gefühlt haben. Natürlich habe ich manchmal nach dem Match das Trikot ausgezogen. Aber das ginge zu weit, sich darüber Sorgen zu machen, ob das jetzt jemand falsch verstehen könnte, weil einer meinen nackten Oberkörper sieht! Als Teenager beim ersten Stalker habe ich mich schon gefragt, was der wohl von mir will. Was er von mir erwartet oder sich erträumt. Ich habe ja keine Ahnung, was der Kerl daheim angestellt hat?! Ich hatte schlaflose Nächte deswegen und war sehr erleichert und froh, wenn ich ihn nicht gesehen habe.» Daniel Gygax sprach mit den Kollegen, redete sich die Sorgen von der Seele. Als junger Mann war er viel unbekümmerter. Heute ist er zum zweiten Mal verheiratet und Vater von Lenny, 5, und Lio, 2. Schon aus Verantwortung seiner Familie gegenüber würde er anders mit dem Problem umgehen.

Als Fussballer wird man oft als Allgemeingut angesehen, vor allem von den Fans, weil sie so intensiv mit ihrem Verein mitleben. Die Spieler gehören zu ihrer Welt. Nimmt sich einer auch noch Zeit für sie, wird er gar als ein Freund betrachtet. Zu seinen besten Zeiten war Daniel Gygax Publikumsliebling beim FCZ und wurde überall in Zürich erkannt. Die Blicke lernte er irgendwann auszublenden. Als er in Nürnberg spielte, hat er sich nur am Anfang der Woche draussen bewegt. Sobald es Richtung Wochenende ging, wo der Match anstand, wollte er niemandem Nahrung für Gerede geben. Beim FC Aarau spielt er seit 2014. Dort geht es sehr familiär zu. In Deutschland seien oft sechshundert Fans ans Training gekommen, jetzt seien es vielleicht sechs, sagt er. Und, dass ihm nichts fehlt, weil er das Glück hatte, die andere, grössere Dimension zu erleben. Es bietet natürlich auch weniger Potenzial für Stalker. «Zu meinen Anfängen konnte man als Kicker noch irgendwo einen trinken gehen, ohne dabei mit dem Handy fotografiert zu werden. Heute ist das nicht mehr möglich. Als Fussballer hast du zwar ein cooles Leben, aber du darfst dir nichts erlauben, weil du ein Vorbild bist», sagt er. «Wir Fussballer haben es leicht, Frauen zu kriegen. Heute sowieso: Man schreibt auf Facebook, macht ab und trifft sich. Viele geniessen es, wenn sie angehimmelt werden. Der Club kann dagegen gar nichts tun, egal, ob gegen Groupies oder Stalker.» Die Social Media nutzen Kollegen auch, um Bestätigung zu suchen, zur Selbstdarstellung. «Ich brauche das nicht. Und es stellt auch eine zu grosse Angriffsfläche dar. Das wollte ich nicht riskieren», gibt er sich vorsichtig. Den Hass der Fans hat er gespürt, wenn es mal nicht so gut lief. Aber er konnte dem meist aus dem Weg gehen. Auf den Social Media trifft einen die Kritik in viel grösserem Ausmass. Viele seiner Berufskollegen lesen alle Kommentare. Er ist nicht einmal auf Facebook. «Wenn du gut spielst, bist du der Held, wenn du schlecht spielst, bist du der Arsch», sagt Gygax. «Ich weiss, dass ich polarisiere, weil ich sage, was ich denke, und dass mich viele nicht mögen. Um das schwarz auf weiss zu bekommen, brauche ich keinen Facebook-Account.»

Fussballer sind laut Daniel Gygax eigentlich Schauspieler. «Wir dürfen keine Schwäche zeigen, egal, welche persönlichen Probleme man hat.» Vor zwei Jahren starb sein Vater an Bauchspeicheldrüsenkrebs. Von der Diagnose bis zu seinem Tod dauerte es nur acht Monate. «Das interessiert die Leute aber nicht, die Eintritt zahlen, oder deine Chefs im Verein. Man muss einfach abliefern, das erwartet man von uns.» Darum versucht er, allein mit Problemen klarzukommen, und will auch keine Ausreden für schlechte Leistungen. 2010 hat er zum zweiten Mal geheiratet. Seither tauscht er sich über alles mit seiner Frau aus. «Wir haben keine Geheimnisse voreinander. Sie hilft mir durch Krisen. Als mein Vater so schwer krank wurde, war sie gerade mit unserem zweiten Kind schwanger. Den zweiten Enkel hat er gar nicht mehr kennengelernt. Tragisch, wie schnell das Leben von einem Moment auf den anderen wechseln kann.»

STECKBRIEF

Daniel Gygax, 34: Die Karriere des Fussballers begann beim FC Zürich und führte ihn über Frankreich (FC Metz) bis in die deutsche Bundesliga (1. FC Nürnberg). Der gebürtige Zürcher stand 35-mal im Einsatz für die Schweizer Nati.

ALLEINERZIEHENDE MUTTER

Lieber glücklich getrennt als unzufrieden als Paar? Nicht aus Sicht des Kindes! Das möchte unbedingt, dass seine Eltern zusammen sind. Seine heile Welt zerbricht mit der Trennung. Zieht einer aus – in der Regel der Vater –, dann fehlt etwas. Der Platz bleibt leer und kann auch mit noch so viel Mühe der Mutter nicht gefüllt werden. Die Scheidung oder Trennung, wenn die Partner versuchen, respektvoll miteinander umzugehen, ist per se nicht automatisch ein Problem für das Kind. Einige Risiken gibt es aber schon. Die Zahl Alleinerziehender wächst stetig, und mehr als vier Fünftel davon in der Schweiz sind Frauen. Wer sich an Wonder Woman orientiert und alles schaffen will, mutet sich zu viel zu. Jede Zweite wünscht sich Hilfe, meist ohne es zuzugeben. Alleinerziehende Mütter stehen unter grossem Druck, sie müssen alles unter einen Hut bringen: Arbeit, Haushalt, Erziehung, Familie; da bleibt kaum Raum für sie selbst. Das Sozialleben wird eingefroren. (Wer nach der x-ten Absage noch Lust auf ein Treffen hat, ist ein wahrer Freund!) Der Frust wächst. Kinder kriegen das mit: direkt, weil die Mama grantig, genervt, müde ist; indirekt, weil sie sehen und fühlen, dass es der Mama nicht gut geht. Ausserdem fehlen in einem vollgepackten Tag schlicht ein paar Stunden, um sich dem Kind gebührend mit Musse zu widmen. Zeit und Zuwendung sind aber genau das, was es braucht. Das weiss eine Mutter und hat ein schlechtes Gewissen: erstens dem Kind gegenüber. Sie meint, alles, was sie tut, sei nicht genug. Zweitens den Freunden gegenüber, die sowieso zu kurz kommen. Drittens dem Arbeitgeber gegenüber, weil sie doch nicht so flexibel reagieren kann wie ein Single ohne Nachwuchs. Viertens sich selbst gegenüber, weil das Erreichen der einst gesteckten Ziele und gehegten Träume in unendliche Ferne gerückt ist. Es müssen ja zuerst die anderen Punkte auf der Prioritätenliste abgehakt werden, bis man bei sich (ganz unten) angekommen ist.

Dann ist es meist Mitternacht und frau hundemüde. Das höchste der Gefühle ist vielleicht ein heisses Bad und die Lieblingsserie auf dem iPad im Bett. Und wo bitte soll da noch ein neuer Partner Platz haben? Beziehungsweise wo den hernehmen? Denn verfügbare Traummänner gabelt man nicht so en passant irgendwo zwischen Kindergarten, Migros und Büro auf.

Einzelkämpferinnen kennen Erschöpfung als Dauerzustand. Der rettende Engel in dem Teufelskreis? Jede nahestehende Person, die Verständnis zeigt und mithilft. Die einfachsten Gesten wirken manchmal Wunder und sind herzlich willkommen. Das Angebot, am Freitagabend gemeinsam zu kochen, das Mädchen vom Ballett abzuholen, mit dem Buben zu lernen, sich die Putzfrau zu teilen, das Auto auszuleihen, damit der Einkauf nicht geschleppt werden muss – kleine Aufmerksamkeiten tragen zur Verbesserung der Gesamtsituation bei. Besonders wichtig für Freunde und Bekannte: ein offenes Ohr haben. Besprochene Sorgen, von Liebeskummer bis zu Geldproblemen, verlieren an Gewicht. Nach einem Beziehungs-Aus ist man oft niedergeschlagen und von Schuldgefühlen geplagt. Ausserdem hat jeder ein wenig Angst oder zumindest Respekt vor einem Neubeginn. Die unzähligen kleinen Probleme wachsen zu einem grossen an – und einem irgendwann über den Kopf. Sieht die Mutter im Kind den Auslöser für ihre missliche Lage, tut sie sich schwer, ihm die nötige Zuwendung zu geben, leider oft gerade dann, wenn es die am nötigsten braucht. Kinder spüren sehr genau, wenn Spannungen im Spiel sind, und können sich dann weniger gut orientieren.

Das gemeinsame Sorgerecht endet in der Schweiz seit dem 1. Juli 2014 nicht mit der Ehe. Eltern müssen auch nach einer Scheidung alles gemeinsam regeln, was den Nachwuchs betrifft. Das reicht von Minimem wie Tennis- oder Klavierstunden bis zu Einschneidendem wie einem Wohnsitzwechsel. In der Theorie ist es schön, sich gemeinsam um das Kindeswohl zu kümmern, in der Praxis ist es das oft nicht. Trennungen tun weh. Sie verlaufen nicht harmonisch. Das liegt in der Natur der Sache. Müssen sich die Ex-Partner jedes Mal miteinander absprechen, bietet das viel Raum, um einander das Leben schwer zu machen. Dabei braucht gar nicht jeder Entscheid zum Riesentheater zu werden, es genügt, wenn einer ständig anderer Meinung ist. Lediglich alltägliche Dinge oder dringliche Angelegenheiten kann derjenige allein bestimmen, der den Spross gerade in seiner Obhut hat. Im Idealfall würden sich Mutter und Vater die Betreuung gleichmässig teilen. In der Schweiz wird aber immer noch hauptsächlich ein traditionelles Modell gelebt, bei dem das

Kind bei der Mutter wohnt und diese darum meist nur Teilzeit arbeitet. Beim Vater ist es auf Besuch, am Wochenende oder in den Ferien.

Eine Scheidung birgt für alle Beteiligten grosse Unsicherheit. Für das Kind ist es wichtig zu wissen, wo es zu Hause ist und wie es seine Freizeit gestalten kann. Es stellt sich viele Fragen, darum muss es seine Empfindungen und Vorschläge einbringen dürfen und in Entscheidungen einbezogen werden. Dann sucht man gemeinsam nach lebbaren Lösungen.

Stéphanie Berger über Freud und Leid als Mutter ohne Mann

Wie kommt eine Blondine aus dem Wintersturm ins warme Café? Hereingeschneit. So hat die Begegnung mit Stéphanie Berger an einem Märzmorgen in Rapperswil-Jona SG begonnen. Die Ex-Miss-Schweiz hat sich einen Namen als Comedian gemacht. Von Donnerstag bis Samstag reist sie durchs Land, um die Schweizer zum Lachen zu bringen. Ihren Job merkt man der 37-Jährigen an. Wenn sie spricht, unterstreicht eine ausladende Gestik und lebhafte Mimik ihre Worte. Obwohl sie von Dingen erzählt, die ihr nicht leicht fallen, ertönt dazwischen immer mal wieder ihr sattes Lachen. «Das Leben kann mitunter ganz schön hart sein, aber ich scheine gemacht dafür, ich bin eine Kämpfernatur», sagt sie. Vor drei Jahren ging ihre Ehe zu Militär-Oberleutnant Thomas H. in die Brüche. Im verflixten siebten Jahr. Seither lebt sie als Single mit dem gemeinsamen Sohn Giulien, 6, im Zürcher Oberland.

«Unser Sohn war das grösste Thema bei unserer Trennung. Ich habe mir den Schritt sehr gut überlegt, zumal ich ja auch ein Scheidungskind bin und sehr darunter gelitten habe. Doch es machte für mich keinen Sinn, wegen des Kindes zusammenzubleiben», sagt Stéphanie Berger. Nach der Trennung haben sie noch ein halbes Jahr zusammengewohnt. «Kind hin oder her, ich war unglücklich und fühlte mich eingeengt. Darum habe ich auch noch die räumliche Trennung verlangt.» Dass keine Drittperson involviert war, sondern es zwischen den Eheleuten einfach nicht mehr gestimmt hat, machte die Situation zwar unkomplizierter, aber nicht unbedingt leichter. «Mein Ex ist aber vom Charakter her der beste Mann, von dem man sich scheiden lassen kann, weil er verantwortungsbewusst ist. Wir waren es unserem Sohn schuldig, die Scheidung nicht auf seine Kosten auszutragen. Da wir beide das als absolute Priorität angesehen haben, ist es uns gut gelungen», sagt sie rückblickend. Ihr Sohn Giulien war bei der Scheidung 2012 zweieinhalb. Es war schwierig, ihm die Situation zu erklären. «Wir haben ihm gesagt, dass er jetzt zwei Zuhause bekommt. Das war für ihn natürlich toll, zwei verschiedene Zimmer zu ‹bespielen›.» Die beiden Ex-Partner teilen sich das Sorgerecht:

Sonntagnachmittag bis Donnerstagmorgen ist der Sohn bei der Mutter, den Rest der Woche beim Vater. Ferien und Feiertage verbringt er abwechselnd mal beim einen, mal beim anderen. Bei Entscheidungen sprechen sie sich stets ab. Das funktioniert, weil sie ein freundschaftliches Verhältnis haben.

«Obwohl sein Vater in Giuliens Leben präsent ist, übernehme ich in der Zeit, wo er bei mir ist, beide Rollen – ich bin Mami und Papi. Erziehung ist anstrengend und ich will konsequent sein. Kinder sind schlau, die wissen ganz genau, wie sie Mama und Papa gegeneinander ausspielen. Wenn er anfängt mit ‹Aber bei Papa darf ich das›, sage ich: ‹Okay, bei mir nicht. Punkt.›» Es gibt Grundwerte, bei denen Berger nicht mit sich diskutieren lässt. Giulien soll lernen, dankbar zu sein für das, was er bekommt. «Gemotze wie ‹Ich will mehr› oder ‹Ich will was anderes› vertrage ich überhaupt nicht. Ausserdem sind mir Anstand, Höflichkeit, Respekt wichtig, dass man grüsst und Bitte und Danke sagt oder mal ein Lob ausspricht. Er soll seine Gefühle ausdrücken können. Wir sind sehr körperbetont, kuscheln und schmusen oft. Wenn ich sehe, mein Sohn ist anständig, freut mich das. Da lohnt sich der Aufwand», sagt sie mit einem Lächeln.

Stéphanie Berger versucht, es besser zu machen als ihre Eltern. Sie war sieben, als sich ihre Eltern trennten. «Es war noch dazu eine kantonale Scheidung, wir lebten in Bern und zogen mit meiner Mutter nach Zürich. Bereits die Distanz war ein Problem.» Der Vater habe viele falsche Entscheidungen getroffen. «Wir beide leiden jetzt darunter, weil die Bindung natürlich niemals so stark ist, wie wenn er die Vaterrolle wahrgenommen hätte. Mittlerweile haben wir ein gutes Verhältnis zueinander. Die Dinge, die man verpasst, sind aber nicht wieder gutzumachen.» Bis zum heutigen Tag leidet sie unter Verlustängsten. «Mein Vater hat mich in diversen Situationen abgelehnt, auch in prekären, wo ich ihn gebraucht hätte. Das sind traumatische Erlebnisse, die tiefe Wunden hinterlassen.» Hat sie sich je schuldig gefühlt, dass er gegangen ist? «Nein, ich habe nur nicht verstanden, warum er mich nicht wollte.» Als Erwachsene haben sie darüber gesprochen. Er hat sich damals für ein Leben entschieden mit seiner zweiten Frau. Berger hat gelernt, ihm zu vergeben. «Aber ich kann nicht mehr geben, als mein Herz zulässt.» Schon sehr bald war Stéphanie Berger in Therapie – und ist es heute noch. Gerade die Verlustängste und die Angst, verletzt zu werden, gehörten aufgearbeitet. «Diese Ängste kommen immer wieder. Es ist nichts, was man heilen kann, aber man geht anders damit um. Ich registriere, wenn ich mich wie ein Kind verhalte, oder alles dafür tun würde, um geliebt zu werden», sagt die schöne Frau. Treten diese Muster auf, hat sie nun ein Mittel, sie zu durchbrechen. Jedoch der Schmerz bleibt. «Ich merke das nur schon bei Filmen, wo es um das Thema geht, da bin ich ein heulendes Elend.» Ihre Mutter hat damals unter der Trennung arg gelitten. «Rückblickend hat natürlich auch sie Fehler gemacht, aber sie war sehr jung und hat aus bestem Wissen entschieden. Damit kann ich Frieden schliessen, weil ich sie verstehe», so Stéphanie Berger. Sie erinnert sich lebhaft an den Frauenhaushalt: «Als wir klein waren, hat meine Grossmutter oft auf meine zwei Schwestern und mich aufgepasst. Wir waren gern bei ihr. Schön, dass ich starke Frauenfiguren in meinem Leben als Vorbilder habe. Die klassische Rollenverteilung gab es bei uns nie.» Die Mutter hat sie emanzipiert erzogen. Sie ging arbeiten, und die drei Mädchen mussten mithelfen, zum Beispiel mittags selbst kochen. Bereits mit sechzehn zog Stéphanie von zu Hause aus. «Immer wieder habe ich mir Vaterfiguren gesucht. Nicht nur in Liebesbeziehungen, aber als Freunde, Mentoren oder Vorgesetzte», gibt sie preis.

Die 37-Jährige ist stolz darauf, es geschafft zu haben. In der Schule hat sie die vierte Klasse wiederholt. Sie hatte eine Dyskalkulie: Mathematik, Physik, Geometrie, Chemie waren der Horror. Dann kam die Miss-Schweiz-Wahl. Mit den Alimenten und dem Lehrgeld lebte sie ganz gut. Ihre Karriere führte sie vom Missen-Titel vor die Fernseh- und Filmkamera als Moderatorin und Schauspielerin. Auf den Theaterbühnen gastiert sie am Donnerstag, Freitag, Samstag. Kein leichter Weg für eine Alleinerziehende. Eine Nanny oder ein Au-pair kommen für sie aber nicht infrage. «Ich will ja nicht mein Kind abschieben, damit ich mich verwirklichen kann. Ich mache sicher nicht Karriere auf seine Kosten. Aber meine Arbeit sichert uns die Existenz.» Finanziell geht es mit ihrem 60-Prozent-Job gut. Das Showtalent fühlt sich erfüllt. Allerdings sei es schwer, einen neuen Mann kennenzulernen. «Ab und zu stelle ich mir vor, wie es wäre, wenn er auch schon ein Kind hätte. Ich weiss ganz ehrlich nicht, ob man jedes fremde Kind lieben kann», sagt sie. Und: «Ich kann keine Affären oder One-Night-Stands haben, die enden im Drama! Steige ich mit einem Mann ins Bett, sind schon so viele Gefühle da. Das macht mich noch einsamer, weil ich mich nicht mal auf ein Abenteuer einlasse.»

Aber: Die Hoffnung stirbt bekanntlich zuletzt. «Ich träume von der grossen Liebe.» Bisher hatte Berger beides, Beziehungen, die nur auf Leidenschaft aufgebaut waren, und solche, die nur auf Sicherheit aufgebaut waren. Jetzt soll es die perfekte Mischung sein. Je älter sie wird, desto genauer weiss sie, was passt oder eben nicht. Im Endeffekt geht es um die Suche nach der Nadel im Heuhaufen. «Vielleicht ist mein Glück aufgebraucht, weil ich ein paar Mal tief geliebt habe?», sinniert sie. Gewisse Bedürfnisse seien ohne einen Partner sicher nicht abgedeckt: die Zuneigung, das Teilenkönnen. Trotzdem hat sie nie die Scheidung als ein Scheitern betrachtet. «Ich bin zwar nicht wahnsinnig glücklich, dafür fehlt mir die Liebe, aber zufrieden.» Zudem ist sie dankbar, weil die Karriere endlich läuft, die sie sich zusammen mit ihrem Management aufgebaut hat. Und sie pflegt Freundschaften, meist zu anderen Alleinerziehenden. Bei verheirateten Freundinnen sei es schwerer. Sie hätten andere Interessen, einen anderen Rhythmus. «Und bei Paaren kommt man sich als Single wie das fünfte Rad am Wagen vor», sagt Stéphanie Berger.

Wie ist der Alltag als Alleinerziehende? «Man muss definitiv mehr leisten. Das Leben, das ich stemme, verlangt viel von mir ab. Das Gute daran ist, ich scheine gemacht dafür. Ich kenne es gar nicht anders», sagt sie. Die Tage der geschäftigen Mutter fangen morgens um sieben an und enden abends um zehn. Manchmal ist sie permanent unterwegs an Auftritten. Plus schmeisst sie den ganzen Haushalt. Eigentlich ist sie immer am Arbeiten. Der Sohn hilft im Haushalt mit. «Er soll lernen, dass man ab und zu Dinge machen muss, die einem nicht so angenehm sind. Ein Kind in Watte zu packen, bringt nichts, weil die Welt da draussen nicht immer freundlich ist. Ich will, dass mein Sohn bestehen kann», erklärt die Mutter. Und wie ist die Situation für Giulien? «Er äussert ab und zu den Wunsch nach einem Brüderchen. Ich musste ihm erklären, warum er keines von Mama und Papa bekommen wird.» Bisher hatte sie aber nie die Sorge, Giulien würde sich je als Scheidungskind fühlen.

Abstriche macht Berger bei sich selbst: «Oft bin ich isoliert.» Durch Sport schafft sie sich ein bisschen Raum. «Mein Körper ist mein Kapital, und ich trainiere eine Stunde täglich meist daheim mit einem Youtube-Video – und meiner Lieblingstrainerin Alexandra Pinter. Nichtstun fällt mir immer schwerer, weil ich die freie Zeit vollpacken möchte. Aber es braucht auch Erholung, um runterzukommen, sich wieder zu spüren.» Deshalb geht sie zwischendurch gern in eine Gesprächstherapie. «Ich tendiere dazu, mich zu verlieren, wenn ich nur noch funktionieren muss und immer getrieben bin.» Sie arbeitet vor allem aus finanziellen Gründen so viel, um sich die Freiheit eines angenehmen Lebens zu erlauben. Sie möchte nicht jeden Franken umdrehen und unbelastet Ferien oder Spontantrips planen. «Wir haben unseren Sohn nicht in eine subventionierte Kita gegeben, sondern selbst bezahlt. Unter diesen Umständen lohnt es sich für eine Alleinerziehende kaum zu arbeiten.» Für Stéphanie Berger ist der Job aber viel mehr als die Existenzsicherung, nämlich ein Ausgleich zum Hausfrauen- und Mutter-Dasein. Hätte sie diesen Lebensbereich nicht, würde auch ihr Kind darunter leiden.

Den grössten Druck macht sie sich selbst. «Ich bin ehrgeizig und konsequent; habe ich eine Entscheidung getroffen, ziehe ich sie durch.» Berger steht sicher nicht für Plan B. Für sie gibt es kein Aufgeben, nur ein Vorwärtsgehen. «Eigentlich schade, dass ich tougher bin als sanft, weil es meine Lebenssituation von mir verlangt. Ich wünsche mir, verletzlicher sein zu dürfen und mich fallen lassen zu können. Aber ich kann es mir nicht leisten, dass es mir schlecht geht. Mein Innerstes ist sehr zerbrechlich. Die Mauern um mich herum würde ich gern einreissen.»

STECKBRIEF

Stéphanie Berger, 37: Die Ex-Miss-Schweiz arbeitet erfolgreich als Moderatorin, Schauspielerin und Komikerin (aktuelles Programm «Höllelujah!»). Mit ihrem sechsjährigen Sohn Giulien lebt die gebürtige Bernerin im Zürcher Oberland.

TOD EINES NAHEN MENSCHEN

«Ois wos bleibt, ist die Erinnerung. Und schön langsam wird da kloar, dass nix mehr is, wies woar ...», singt der österreichische Mundartrocker Andreas Gabalier. Und rührt damit bei jedem Auftritt unzählige Menschen zu Tränen. Sein Lied «Amoi seg' ma uns wieder» gehört zu den meistgewünschten an Beerdigungen. Treffender könnte man den Moment nicht in Worte fassen, in dem man realisiert, dass man eine geliebte Person nie mehr wiedersehen wird. Der Tod teilt das Leben für die Hinterbliebenen in ein Davor und ein Danach. Wie verkraften sie den Verlust? Es gibt wenig, das einen mehr schmerzt, als den anderen unwiederbringlich verloren zu haben. Nicht ein Mal mehr in seine Augen schauen, seine Hand halten, seine Nähe spüren, ihm zuhören, ihn etwas fragen und ihm von sich erzählen. Die Tatsache ist ein Schock. Egal, wie lange man vorher Zeit hatte, Abschied zu nehmen. Es trifft einen wie ein Fausthieb und wirft einen aus der Bahn. Der Alltag gerät dabei des Öfteren aus den Fugen. Viele sind überwältigt von Angst, Wut, Verzweiflung. Der Verlust ist so unfassbar, tragisch und schmerzhaft, dass sie den Fakt leugnen. Zumindest so lange, bis er irgendwie erträglich ist. Eigentlich weiss man intellektuell, was passiert ist, will es aber nicht akzeptieren. Nach diesem meist wenige Stunden oder Tage dauernden kurzfristigen Selbstschutz kommt entweder eine grosse Leere oder die Gedanken kreisen unaufhörlich um das Thema Tod und den Verstorbenen. Der Schock lähmt und macht es schwierig, im Alltag zu funktionieren. Der Trauernde vergisst Kleinigkeiten, das meiste wird ohnehin zur Nebensache. Hinzu kommen körperliche Beschwerden, zum Beispiel Atemnot, Herzprobleme, wie benebelt sein, kein richtiges Gefühl für Wärme und Kälte mehr zu haben, weder Hunger noch Durst zu spüren, Schlaflosigkeit. In dieser ersten Phase braucht man eventuell Hilfe im Alltag. Jemanden, der einem Arbeiten abnimmt, für einen da ist, mit dem man reden kann. Sie selbst haben das Leben nicht mehr im Griff. Weil das Schicksal gnadenlos zugeschlagen hat, torkeln sie. Wie stark jemand leidet und wie lange, ist von Mensch zu Mensch verschieden. Es gibt weder eine allgemeingültige Aussage zur Intensität noch zur Dauer der Trauerphasen – die meisten Psychologen gehen diesbezüglich von vier oder fünf aus.

Nach dem Schock brechen die Emotionen auf. Man ist überwältigt von Angst oder Wut und sucht verzweifelt nach Erklärungen: Warum musste ausgerechnet er sterben? Warum tut mir das Schicksal das an? Die Wut richtet sich oft gegen Dritte oder gegen Gott. Hoffnungslosigkeit macht sich breit. Oder es kommen Schuldgefühle hoch: Warum habe ich nicht? Hätte ich doch nur ... Solche Vorwürfe und Fragen quälen und nähren den Wunsch, nochmal eine Chance mit dem Toten zu haben. Besonders schwierig wird es für jene, die tatsächlich allen Fragen nachspüren wollen. Tief sitzende Ängste brechen auf, und man befürchtet, alles Unheil der Welt könne über einem hereinbrechen. In dem Gefühlschaos aus Hilflosigkeit, Ohnmacht und Zorn ist es gut, wenn jemand zuhört – auch um zu sondieren: Was sind realistische Befürchtungen, und wer kann in der Situation beistehen? Ausserdem muss man sich körperlich, seelisch und geistig wieder von dem Schicksalsschlag erholen. In der Zeit sollte man sich selbst in den Vordergrund rücken, sich etwas Gutes tun und nachsichtig mit sich umgehen. Eventuell hilft es auch, wegzugehen aus der gewohnten Umgebung. Die grossen Emotionen, die im Inneren brodeln, brauchen ein Ventil. Manche malen, schreiben Tagebuch, sind kreativ, andere treiben Sport zum Trost. Hauptsache, nicht alles in sich reinfressen, sondern – auf wie auch immer geartete Weise – rauslassen. Ruhig auch mal ungehemmt weinen. Schreien. In ein Kissen schlagen. Nur nichts erzwingen! Wer keine Lust hat auf Gespräche, der schreibt seine Gedanken auf. Wer sich körperlich zu schwach fühlt für Sport, der meditiert. Wem Musik hilft, der drehe stundenlang die Balladen des Gedenkens auf volle Lautstärke auf.

Das alles hilft dabei, sich neu zu finden. Und seinen Platz im Leben ohne den Verstorbenen. Der Prozess braucht Geduld und Nachsicht. Vor allem die kleinen alltäglichen Situationen wecken Erinnerungen. Obwohl der Trauernde oft das Gefühl hat, sich im Kreis zu drehen, stellt sich der Blick für die Zukunft irgendwann ein. Er kann wieder lachen, geniessen, an den anderen denken, ohne überwältigt zu werden von Tränen. Und planen. Wie das Nachher ausschauen mag? Häufig ganz anders als das Davor. Weil er mit der «alten Welt» nichts mehr zu tun haben will, sucht er nach neuen Freunden, vielleicht sogar in einer anderen Stadt, kündigt seinen Job und lebt einen komplett anderen Lifestyle.

Wie lange die Trauer dauert, ist individuell sehr verschieden. Manche glauben gar, wenn sie zu schnell zurück in den Alltag finden, sei die Beziehung nichts wert gewesen. So wenig, wie es einen allgemeingültigen Zeitplan gibt, so wenig kann man voraussehen, wie eine Person damit umgeht. Jene, die über genug Resilienz, also seelische Widerstandskraft (vom lateinischen resilire, zurückfedern), verfügen, verkraften Schicksalsschläge besser. Sie fühlen sich nicht dem Schicksal ausgeliefert, sondern haben das Selbstvertrauen, ihr Leben gestalten zu können. Sie passen sich auch widrigen Umständen an und sehen einen Sinn darin, was ihnen widerfährt, anstatt ihre Kräfte mit Hadern zu vergeuden. Grundsätzlich streben sie aktiv nach Erfahrungen, die ihnen guttun. Darum gelingt es ihnen relativ rasch, emotional wieder in Balance zu kommen.

Letztlich wird einem durch den Tod die Endlichkeit des (eigenen) Lebens auf eine radikale Art bewusst. Folklorist Andreas Gabalier singt darum auch tröstlich: «Dann soll die Hoffnung auf a Wiedersehn mir die Kroft in mein Herzschlog legn, um weiterzuleben ...»

Sanja Ivisic verlor ihren Vater und folgte danach dem Weg ihres Herzens

Sanja Ivisics Vater starb an Magenkrebs. Wenn die 32-Jährige darüber spricht, färben sich ihre braunen Augen eine Nuance dunkler. Zwar hat sie heute ihren Frieden mit dem schmerzvollen Verlust geschlossen. Trotzdem kostet es sie Kraft, sich bewusst an die Zeit zu erinnern. «Ich habe kein Zeitgefühl dafür, wann er genau starb. Ich weiss nie, ob es fünf oder sechs Jahre her ist. Das klingt schräg, aber ich glaube, ich verdränge das Datum», sagt sie. «Mein Vater hatte Krebs. Er bekam die Diagnose im November und im April ist er gestorben.» Die Diagnose war ein Riesenschock für die ganze Familie. Nach andauernden Magenschmerzen ging Sanjas Vater routinemässig zur Untersuchung. Ihre Mutter Jasna ist Krankenschwester in dem Spital, wo die Magenspiegelung gemacht wurde. Sie musste live miterleben, wie weit sich der Krebs bereits im Körper ihres Mannes ausgebreitet hatte. Doch sie alle hatten Hoffnung, obwohl sie mit der Sorge lebten, den geliebten Menschen bald zu verlieren.

Ändert sich etwas im Umgang miteinander? Verfliegen die verbleibenden Tage wie im Zeitraffer? Sind die gemeinsamen Momente intensiver? Lässt einen die Vorahnung alles andere ausblenden? Für Sanja bedeutete es zuerst, die extreme Nachricht zu verkraften. «Ich war im Ausland auf der Strasse am Telefon und bin zusammengebrochen. Danach war ich in einem Trancezustand. Ich kann mich an vieles gar nicht richtig erinnern», sagt sie. Das Leben, das sie bisher gekannt hatte, ist vor ihren Augen zusammengebrochen wie ein liebevoll erbautes Haus. Ganz klar hat die Diagnose sie verändert. Sie studierte damals in Zürich. Ihre Familie lebte in Aarau und sie fuhr dauernd heim – mit gemischten Gefühlen. Einerseits wollte sie so viel Zeit wie möglich mit ihrem Vater verbringen. Andererseits hatte sie Angst. Daheim konnte sie die Augen nicht vor der Realität verschliessen, dass er schwer krank war. Innerhalb nur eines Monats hatte er zehn Kilo verloren. Ihr zwei Jahre jüngerer Bruder stellte neben seinem Privatleben die Schule zurück, um ihn zu pflegen und sich um alles zu kümmern. Als Familie hat sie die Belastung zusammengeschweisst. Aber man sei sehr zentriert auf den Vater gewesen, die anderen Mitglieder waren in dem Moment unwichtig. «Wir mussten zu-

sammenhalten, um alles zu schaffen, aber gleichzeitig brach alles, so wie wir es kannten und liebten, zusammen. Alles, woran man geglaubt hatte, existierte nicht mehr in der Form. Nichts hatte mehr Bedeutung ausser der Frage: Überlebt er?», erinnert sich Sanja.

Im Nachhinein betrachtet hätte sie gern viel mehr mit ihrem Vater gesprochen. «Ich hoffte ja trotzdem immer, dass er weiterlebt. Mein Bruder, meine Mama und ich teilten uns die Nächte. Ich dachte einfach nur, es ist so anstrengend und kräftezehrend, wie viele Monate halten wir das durch?» Die Konversationen mit ihm gingen nicht besonders tief. Er schlief viel. Und man sprach eher über den Alltag. Vorher hatte sie sich nicht so intensiv mit Gott auseinandergesetzt und sich kaum Gedanken gemacht über den Tod oder das Leben danach. Nun betete sie oft zusammen mit der Mutter. Das gab den Frauen Hoffnung. «Jeden Tag wünschte ich mir so sehr, dass er überlebt! Ich flehte Gott darum an.» Als er starb, wurde es schwarz für Sanja. Sie sah sich mit einem grossen Nichts konfrontiert, der nächste Schock! Gerade noch hatte sie ein 700-Seiten-Buch gelesen über alternative Heilmethoden, welche Erfolge man bei Krebs-Patienten erzielen kann, die ihre Ernährung umstellen, und so weiter. Die junge Frau wollte nicht nur der Schulmedizin vertrauen. «Mein Vater hat ja nie geraucht oder getrunken. Ich dachte, vielleicht haben die Ärzte etwas übersehen, und ich kann ihn retten. Es war eine Riesenenttäuschung und Trauer, dass ich das nicht geschafft habe.» Zuerst verleugnete sie seinen Tod. «Ich konnte es nicht glauben. Ich schaute ihn an und schrie innerlich: ‹Mach die Augen auf!› Ich meinte wirklich, er kommt zurück.» Mehrere Stunden lang habe sie die Wahrheit nicht akzeptieren wollen. «Das, was ist, ist so unerträglich schmerzhaft. Man schützt sich, um nicht durchzudrehen. Eigentlich will man gleich mitgehen vor Schmerz», schildert sie bewegend. *An der Stelle rinnen ihr die Tränen herunter, die Stimme bricht. Sanja muss sich erst wieder fassen.*

In diesem dunklen Moment half ihr die Familie. «Wir fingen sofort an, Vater positiv zu erwähnen, um ihn irgendwie dazubehalten. Wir haben sogar gelacht, gesungen, von überall kamen Familienmitglieder, es war eine schöne Stimmung», sagt Sanja. Ihre Art, mit dem Schmerz umzugehen, war, darüber zu sprechen. «Sonst wäre es ewig in mir drin geblieben. Ich musste es rauslassen. Ich sagte immer gleich jedem, der mich auch nur oberflächlich fragte, ‹Hey, wie gehts?› ‹Nicht so gut, mein Vater ist gerade gestorben.› Mit jedem Mal liess ich mehr los.» Doch der Schmerz sass tief, er war unberechenbar. Sanja konnte gut drauf sein, einen lustigen Film schauen, und plötzlich weinte sie, aus dem Nichts heraus. Ihr Freund Giuliano war ihre engste Bezugsperson. Er hatte Verständnis.

Im Alltag funktionierte sie mechanisch. Sie studierte noch und hatte gerade sehr schwierige Fächer zu absolvieren. Sie wusste, fällt sie durch, verliert sie alles. Dann hätte sie das Studium aufgrund zu vieler Minus Credits Points aufgeben müssen. Trotzdem hat sie in den letzten Tagen, bevor ihr Vater starb, beim Studium pausiert. «Ich wollte jeden Moment mit ihm verbringen, obwohl er unter starken Medikamenten stand und meist schlief. Nach seinem Tod habe ich mich voll aufs Lernen konzentriert. Um mich abzulenken und um nicht durchzufallen. Mein Vater war stolz, dass ich studiert habe. Ich wollte das auch für ihn schaffen.» Früher lernte er mit Sanja. Seine Ratschläge waren ihr auch in der Vorbereitung der wichtigen Prüfungen präsent. «Er sagte immer zu mir: ‹Du musst üben, üben, üben und wenn du den Stapel an Blättern durchhast, weisst du, du bist bereit.› Das habe ich als Mädchen gemacht und mich auch jetzt daran gehalten.» Als Sanja zu den entscheidenden letzten Prüfungen ging, schien die Sonne. «Ich habe innerlich mit ihm gesprochen, ‹Siehst du, Papa, ich habe den Stapel durch.› Ich hatte das Gefühl, er bekommt alles mit.» Ähnlich hart wie das Lernpensum war der Moment nach den Examen, den Vater und Tochter seit jeher teilten. «Er rief mich jeweils gleich danach an. Plötzlich hat niemand mehr angerufen. Das waren die Momente, wo ich sehr traurig war, weil er mir fehlte.» Sie bat ihren Freund, den Part doch zu übernehmen.

Sanja schloss ihr Studium 2010 erfolgreich ab und ging in die Ferien. «Ich habe noch stärker gelitten. Davor war ich konzentriert auf den Alltag und abgelenkt. Doch der Schmerz ging einfach nicht weg.» Sie suchte jemanden, auf den sich ihre Wut fokussieren konnte, und zweifelte an ihrem Glauben. «Ich habe Gott gefragt: ‹Was soll der Scheiss? Ich bete zu dir, was ist mit meinem Gebet, wieso wird das nicht erhört? Warum unbedingt mein Dad?› Ich hatte Gott auch gebeten, mich zu nehmen statt ihn. Er war solch ein wunderbarer Vater, ich hätte mir keinen besseren wünschen können.» *Tränen fliessen über die Wangen der hübschen Frau.*

Was ihr in jener Zeit half, war die Erkenntnis, mit diesem Schicksal nicht allein zu sein. Sanja hörte immer mehr von Leuten, die auch jemand Nahestehenden verloren haben. «Vorher kommt das nicht wirklich an einen ran. Man ist vielleicht auch nicht offen dafür. Ich habe mich gefragt, warum es denn die Guten trifft. Und habe mir überlegt, vielleicht ist der Tod ja etwas Gutes.» Der Krebs blieb allgegenwärtig. Sanja hatte das Gefühl, selbst todkrank zu sein. Sie hatte regelrecht Panik: «Der Krebs war in meinen Gedanken, in meinem Körper, in meiner Familie, meinen Freunden – überall. Ich hatte Angst, nochmal jemanden zu verlieren. Das hätte ich nicht verkraftet! Der Krebs zeigte mir, wie sterblich wir sind.»

Der Tod war noch lange danach ein grosses Thema und sehr präsent. Sanja sah alles schwarz in sich. Sie litt täglich unter starken Magenschmerzen und ahnte, das war eine körperliche Manifestation. Sie tingelte von Arzt zu Arzt, doch als ihr niemand und kein Medikament helfen konnte, suchte sie einen alternativen Heiler auf. «Er fragte mich, ob ich Selbstmordgedanken hätte, und ich begann völlig unkontrolliert zu weinen. Das war mir selbst gar nicht bewusst gewesen!» Er beschrieb Sanjas Körper wie einen Computer, der sich langsam runterfährt, und half ihr durch dieses Bild. «Als ich bei ihm zur Tür rausging, schienen meine Sinne geschärft, ich habe alles sensibler wahrgenommen. Ich fühlte mich erlöst und positiv aufgeladen. Daheim bekam ich Fieber und Schüttelfrost. Und am nächsten Morgen waren die Bauchschmerzen weg. Ich begriff, dass es mehr gibt auf dieser Welt als die realen Dinge, die uns umgeben.» Heute sagt sie: «Es war ein schreckliches Erlebnis, das mich wundervoll verändert hat. Ich fing an, mich mit dem Tod auseinanderzusetzen und unweigerlich mit dem Leben.» Auch ihr Glaube kehrte zurück. «Ich fühlte, dass mein Vater weiterhin da ist, und entwickelte meine eigene Theorie für das Leben nach dem Tod.»

Doch den vorgezeichneten Weg der typischen Karriere nach dem Wirtschaftsstudium wollte Sanja nicht weitergehen. Sie entdeckte ihre Leidenschaft fürs Musikmachen. «Meine Studienkollegen verstanden nicht, dass ich jetzt DJ werden wollte, und ich konnte es ihnen auch nicht erklären. Es hatte definitiv mit dem Schicksalsschlag zu tun. Das alte Leben wollte ich nicht weiterführen, sondern etwas Neues finden, wo ich meine Gefühle ausleben und teilen konnte.» Sie liess sich von ihrer Intuition leiten und folgte ihrem Herzen. An der Street Parade 2013, deren offizielles Gesicht Sanja war, spielte sie vor 100 000 Leuten. Ebenso an der Street Parade 2015. Damit wurde ihre einstige Vision wahr, in der sie sich vor einem Riesenpublikum sah, das sie mit ihrer Musik zum Tanzen brachte und glücklich machte. Neben der DJ-Karriere wurde das Ex-Model – mit Modeln hatte sie sich ihr Studium finanziert – Mitinhaberin einer Model-Agentur. Sie begann, die Schönheit in jedem einzelnen Moment zu sehen. «Ich erkannte den tieferen Sinn der Existenz meines Vaters, was er mir alles mitgegeben hat, und auch welche positive Wendung mein Leben durch seinen Tod genommen hat.» Die Bilder, wie er krank war, sieht sie heute fast nicht mehr vor ihrem inneren Auge. Sie verschwanden mit den Jahren. «Der Spruch ‹Die Zeit heilt alle Wunden› hat mich früher genervt. Aber es stimmt. Wenn man sich dem Leid hingibt und nicht verschliesst, dann heilt die Zeit die Wunden.»

Konnten ihre Brüder, der jüngste war damals erst zwölf, und ihre Mutter auch ihren Frieden finden mit dem Verlust? «Ich wollte anderen meinen Weg aufzeigen, wie gut der funktioniert. Darum habe ich viel philosophiert zu Hause und wollte wissen, wie es ihnen geht. Ich habe ihnen meine Theorie vom Leben nach dem Tod erzählt, dass man ins Paradies geht.» Sie konnten sich gegenseitig helfen, indem sie die Erlebnisse miteinander teilten. Der Austausch hat sie alle weitergebracht. Obwohl jeder seine eigene Art hatte, damit umzugehen.

Noch heute sind ihr die Worte des Vaters präsent, die er seinen Lieben kurz vor seinem Tod mitgab. «Er holte uns zu sich ins Zimmer. Wir standen um sein Bett, und er sah jeden von uns an. ‹Seht ihr, das ist Reichtum, ihr, meine Kinder, das ist das Wichtigste auf der Welt›, sagte er. Da verspürte ich zum ersten Mal den starken Wunsch, eine Familie zu gründen», erinnert sich Sanja. Als sie 2013 ein Baby mit Giuliano erwartete, verstand sie, was er meinte. Die Geburt ihrer Tochter Angelina im August 2014 hat ihr den Schmerz vollkommen genommen. Die ganze Familie war glücklich, weil ein neues Lebewesen hinzukam. Sieht Sanja ihre Kleine vor sich hinlächeln, ist die Traurigkeit ausgelöscht.

Einmal im Jahr, wenn sie an das Grab des Vaters in seinem Geburtsort in Bosnien geht, weint sie ganz bewusst mit ihm und um ihn. «Sonst nicht, ich habe alle Tränen rausgelassen damals.»

STECKBRIEF

Sanja Ivisic, 32, zählt zu den erfolgreichsten DJanes der Schweiz. Sie spielte in Clubs und Locations von Kapstadt über Mailand, Dubai, Shanghai, Hvar, Ibiza bis nach Deutschland und Österreich. 2013 war sie das offizielle Gesicht der Zürcher Street Parade. Aktuell betätigt sich die junge Mutter zudem als Musikproduzentin.

TRENNUNG

Ich liebe dich nicht mehr. Fünf Worte mit der Wirkung einer Bombe. Sie zerstören das bisherige Leben zweier Menschen. Nichts ist danach mehr so, wie es war. Derjenige, welcher sie ausspricht, weiss in der Regel, was er damit anrichtet. Eine Trennung ähnelt einem revolutionären Akt: Man klinkt sich aus, will nicht mehr Teil des Ganzen sein und träumt auf einmal einen anderen Traum – allein oder mit jemand Neuem. Das Ende einer Liebesbeziehung ist eine emotionale Ausnahmesituation für beide Partner. Das Unbekannte, das vor ihnen liegt, macht Angst. Der Verlassende konnte sich allerdings schon länger mit der Aussicht auseinandersetzen und ein Stück weit darauf vorbereiten. Der Verlassene hingegen ist machtlos.

Signale, die darauf hindeuten, dass es Zeit ist zu gehen, gibt es genug: gegenseitige Schuldzuweisungen etwa, wenn etwas nicht exakt so läuft, wie man sich das vorgestellt hat. Liebesentzug, um den eigenen Willen durchzusetzen. Haben sich zwei Menschen nichts mehr zu sagen und schweigen sich regelmässig an, kommt das einer Verweigerung gleich. Man lässt den anderen nicht mehr an seiner (Gefühls-)Welt teilhaben, führt zwei Leben parallel, aber nicht mehr gemeinsam. Und wenn man redet, dann schleichen sich allzu oft verbale Attacken auch unter der Gürtellinie ein, die nicht selten in der Drohung enden, den anderen zu verlassen. Auch wer genervt ist von den Bedürfnissen des Partners, sie als Belastung empfindet und keine Freude mehr daran hat, ihn zu unterstützen, sollte sich überlegen, ob es das noch bringt. Eine Grundvoraussetzung dafür, dass wir in dieser Welt als Paar bestehen, ist, einander zu vertrauen. Wer daran zweifelt, steuert auf das Ende zu. Auch ein Warnzeichen: Man lacht nicht mehr zusammen, der spielerische Umgang, das Flirten sind dem bitteren Ernst gewichen. Sex mag zwar in einer langjährigen Partnerschaft weniger wichtig sein als in der ersten Phase der Euphorie. Aber ganz ohne geht es nicht. Die Intimität, das Begehren und Begehrtwerden sind es, was die Liebschaft von einer engen Freundschaft unterscheidet.

All das ist unschön und sollte vermieden werden, passiert aber meist aus einer Verzweiflung heraus. Darüber, dass man so nicht weitermachen will und weiss, dass man etwas ändern sollte, aber nicht weiss, wie. Darum bleibt es beim Status quo, obwohl man den Menschen, den man doch einmal geliebt hat, verletzt und demütigt. Sich dafür hasst. Und gar – ganz schlimm – den Respekt verliert ... Probiert hat ein Paar zu solch einem Zeitpunkt schon so einiges, um die Beziehung zu retten. – Übrigens, eine Beziehungspause führt in 99 Prozent der Fälle zum Aus. – Bevor die Werte, die einem wichtig sind, verloren gehen, sollte man sich daran erinnern, wie man den Liebsten einst gesehen hat, und für sich entscheiden, auf welche Art der Schlussstrich gezogen werden kann, sodass nicht mehr zerbrochen wird als irgend nötig! Hier kann es zum Beispiel hilfreich sein, sich ein Foto des Partners im Kindesalter anzuschauen. Dieses unschuldige Kind im Mann oder in der Frau führt einem vor Augen, was für ein wunderbares Geschöpf in ihm/ihr lebt. Das rettet vielleicht nicht, was schon länger kaputt ist, doch lässt es den Respektlevel nicht auf den Nullpunkt sinken.

Egal, wie erkaltet die Gefühle sind oder was der andere angestellt hat, Ghosting geht gar nicht. Sich ohne Vorwarnung und Erklärung aus der Affäre zu ziehen, Anrufe ins Leere klingeln zu lassen, auf E-Mails, SMS und Whatsapp-Nachrichten nicht zu antworten, ist unwürdig. Solch ein feiges, unreifes, niveauloses Verhalten kann einem aber nicht nur nach wenigen Rendez-vous widerfahren. Auch bei einer festen Bindung, in der man gerade noch die gemeinsamen Sommerferien plante, packt der eine heimlich die Koffer und geht für immer. Eine kurze Nachricht wie «Hey, tut mit leid, aber das fühlt sich für mich einfach nicht richtig an mit uns beiden. Lieben Gruss» ist nach einer Liaison wahrlich nicht zu viel verlangt. Aber für alles, was gehaltvoller war, ist ein Gespräch das einzige Mittel, etwas zwischen erwachsenen Menschen zu beenden, die sich schliesslich einmal geliebt und einen Teil ihres Lebens geteilt haben. Schon wegen der eigenen Psychohygiene. Wer will schon eine Sache, die wunderschön begonnen hat, hässlich aufhören lassen? Darunter würde nicht nur das Selbstbewusstsein der Beteiligten schwer leiden, sondern das Vergangene damit im Nachhinein auch entwertet. Der Verlassene würde sich ewig grämen über vermeintlich verlorene Jahre. Der Verlasser wegen seines schlechten

Gewissens. Unnötig! Bei aller Traurigkeit: Ein Ende mit Würde hat sich ein souveränes Paar verdient. Auch Schlussmachen geht mit Stil, ehrlich, aber liebevoll, entschlossen, aber nicht skrupellos, bewusst statt brutal. Das erfordert Courage und ein wenig Taktik. Denn die jeweiligen Schwächen darf man in so einer Situation nicht ausspielen.

Dem eigentlichen Trennungsgespräch sollte ein Warnschuss vorausgehen, damit sich der andere wenigstens ein bisschen darauf einstellen kann, was ihn erwartet. Wie sage ich es am besten? Klar, mit wenigen Worten, die vorher durchdacht, vielleicht sogar einmal quasi zur Probe formuliert wurden. Man sollte so konkret wie möglich sagen, dass man zweifelt, unglücklich ist, so wie bisher nicht weitermachen möchte. Auf die Frage nach dem Warum gibt es Tausende Antworten. Am Ende gibt immer ein Zuwenig an Nähe den Ausschlag. Ich-Botschaften helfen zu vermeiden, dass sie als Schuldzuweisungen verstanden werden. Direkte Vorwürfe bringen nichts, höchstens Eskalation. Die Reaktion des Verlassenen kann auch ein langjähriger Partner kaum voraussehen. Egal, wie sie ausfällt, er muss sie akzeptieren. Hat man allerdings Angst, der Partner reagiere allenfalls aggressiv, wählt man für das Gespräch einen öffentlichen Ort. Der Rahmen sollte so intim wie möglich, aber jemand erreichbar sein, wenn nötig. Ansonsten sind die eigenen vier Wände am geeignetsten, weil sie dem anderen einen geschützten Raum bieten. Den Verlasser plagen vielleicht Schuldgefühle, einen Lebensentwurf zu zerstören. Doch er kann nicht ewig ausharren, nur um den anderen nicht zu verletzen. Auch wenn man Angst hat vor Vorwürfen: stark und beim gefassten Entschluss bleiben.

Die Situation verlangt gerade vom Verlassenen einiges ab. Aber es wäre smart im Hinblick auf die Zukunft, könnte auch er stark bleiben. Je früher er die Entscheidung akzeptiert, desto schneller erholt er sich emotional und stellt die Weichen für den späteren Umgang miteinander. Seiner Trauer kann er natürlich freien Lauf lassen, aber besser nicht vor dem Ex. Er muss nicht so tun, als ginge es ihm gut; was ihm auf die Seele drückt und gerade sein Herz zerreisst, kann er mit den besten Kollegen besprechen. Sich zurückzuziehen und allein damit abzufinden, dass es vorbei ist, diese Distanz schafft Respekt (auch sich selbst gegenüber) und tut dem Selbstbewusstsein gut, das ohnehin in Scherben liegt. Der Verlasser sollte sich um den Verlassenen bemühen, zeigen, dass er ihm wichtig ist als Mensch, dessen Sorge und Verzweiflung er ernst nimmt. Nichts ist schlimmer, als zu glauben, man sei einander egal. Der Balanceakt besteht darin, dabei keine falschen Hoffnungen zu wecken. Der Verlassene darf jetzt sehr egoistisch sein, indem er zum Beispiel alles meidet, was ihn zusätzlich verletzt. Der Prozess der Heilung dauert. Beide sollten sich den Raum geben und grosszügig miteinander sein, was bedeutet, auch mal das Feld zu räumen.

Monate, vielleicht Jahre später gelingt die Versöhnung mit dem, was war, funktionieren beide Leben wieder – unabhängig voneinander. Annäherung ist jetzt möglich, wenn nicht das einst Schöne in Schutt und Asche gelegt wurde. Eine Trennung mit Anstand und Stil vermag die gegenseitige Achtung zu erhalten. Dann kann man einem Menschen, der einen oftmals besser kennt als die eigene Familie, freundschaftlich verbunden bleiben.

Ein endgültiges Adieu braucht Mut. Der krasse Bruch mit einer Lebensphase sogar grossen, wenn kein neuer Schatz in Sicht ist. Anstatt sich aus wirtschaftlichen oder gesellschaftlichen Überlegungen heraus mit einer unglücklichen Beziehung zu arrangieren, sollten die Bedürfnisse, die eben nicht (mehr) abgedeckt waren, der Leitfaden für die Zukunft sein. Sich gleich in die nächsten offenen Arme, sprich Beziehung zu stürzen, mag kurzfristig funktionieren. Genauso wie das Ablenken mit einem Flirt da, einer Affäre dort. Sich allein mit der Situation auseinanderzusetzen und sich mit seinem Innersten zu konfrontieren, bringt wirkliche Entwicklung. Was wünsche ich mir? Was brauche ich unbedingt? Wer die Antworten noch nicht genau kennt, ist als Single ganz gut beraten. Angst ist das Gegenteil von Liebe. Sie lähmt. Darum: nur keine Panik vor allem Neuen! Sie bündelt kostbare Energie, welche man für die nächsten Schritte in Richtung neue Liebe braucht.

Antoine Konrad: Scheiden tut weh

Standesgemäss fährt der erfolgreichste DJ der Schweiz mit dem Rolls-Royce Cabrio vor. Wie ein Kapitän – braun gebrannt mit weissem Sakko und schwarzen Hosen – steuert Antoine Konrad den Boliden und sein House-Musik-Imperium. Der 40-Jährige ist Nacht für Nacht an den schönsten Orten der Welt von den schönsten Mädchen umringt – von Berufs wegen. «Es gibt hier nichts, was man mit Geld nicht kaufen kann», heisst es in seinem grossen Hit «Welcome to St. Tropez» (die meistverkaufte und -gespielte Single Europas 2011). Eines offenbar doch nicht: die Liebe. Der gebürtige Baselbieter ist Single, hat eine gescheiterte Ehe und einige längere Beziehungen hinter sich. In dem 1,95-Meter-Hühnen steckt ein Romantiker. Auch die Zeilen «When I look into your eyes, I see rainbows in the skies. Baby, when you're close to me, I know you're ma chérie» stammen aus einem seiner Welthits. Heiraten würde Herr Konrad gern nochmal. Die rechte Hand ziert jetzt schon ein Ring, ein über und über mit schwarzen und weissen Diamanten besetzter Leopardenkopf. Sein Glücksbringer.

Darüber, warum es derzeit keine Liebste an seiner Seite gibt, macht sich Antoine Konrad Gedanken. Doch Menschen begleiten einen nur durch Teile des Lebens. «Was hält denn schon ewig?», fragt er. «Ich vergucke mich in das Äussere und lasse die ersten Eindrücke wirken, ich glaube an die Liebe auf den ersten Blick.» Findet er eine Frau sympathisch, möchte er mehr von diesem Gefühl und das bezaubernde Geschöpf kennenlernen. Allerdings kann sich das Blatt oft wenden. «Zuerst ist da etwas, was du magst und toll findest, was dich am Schluss aber nervt», gesteht er ein. Sein Leitgedanke: Die Hoffnung stirbt zuletzt. «Man hat eine gute Zeit zusammen, dann bemerkt man Dinge, die einen stören, und hofft, dass sich der Partner ändert. Aber das ist ein Trugschluss, der Mensch ändert sich nicht wesentlich. Klar, macht man Kompromisse, entwickelt sich weiter, passt sich an. An Angewohnheiten wie unordentlich sein kann man arbeiten, aber Charakterzüge bleiben.» Der Geschäftsmann sagt von sich selbst, er sei ein Perfektionist. Das äussert sich in hohen Anforderungen an sein Visavis. Er ist begeistert von Leuten, die etwas bewegen, und erwartet das Gleiche von einer Partnerin. «Eine Macherin, die mich optisch beeindruckt, ist schwierig zu finden», sagt er. Er weiss, sein Job macht die Sache für eine arbeitende Frau nicht unbedingt leicht.

Wenn er zu Hause ist – als einer der meist gebuchten DJs Europas sammelt er pro Jahr 250 000 Flugmeilen an –, will er zwar Zweisamkeit, bleibt aber oft viele Tage am Stück im Studio, um an neuen Songs zu basteln. Und Freunde und Familie müssen zudem Platz haben. «Der Knackpunkt ist, dass ich jemanden brauche, der eigene Lebensaufgaben hat, sich mit etwas Sinnvollem beschäftigt. Sonst wird ihr schnell langweilig, und sie wartet nur noch auf mich», so Antoine Konrad.

Was ist ihm konkret wichtig? «Ich definiere eine Partnerschaft nicht über käufliche Leistungen wie Putzen, Kochen, Bügeln, Waschen. Natürlich sollen wir es häuslich haben; ich will nicht heimkommen und es sieht aus, als hätte eine Bombe eingeschlagen. Aber ich suche keine, die für mich putzt. Ich suche auch keine Prinzessin. Wonach suche ich? Ich glaube, ich weiss es gar nicht.» Seine Exfreundinnen hätten sehr viel abgedeckt, was er sich gewünscht hat. Jedoch: «Der Anfang vom Ende war oft, dass die Partnerin mich jeden Tag beanspruchen, nur noch für sich haben wollte. Ich finde es schrecklich, wenn sich die Partner nur noch aufeinander konzentrieren! Ich möchte mal allein Freunde oder meine Mutter treffen, ohne 100 SMS in der Zwischenzeit zu bekommen. Und ohne Vorwürfe, dass mir andere wichtiger seien.» Einige haben ihm ein schlechtes Gewissen gemacht, sich beschwert und ihn mit ihren Forderungen erdrückt.

Mit der Mutter seines Sohnes Sebastian, 15, war Antoine sieben Jahre lang zusammen. 2002 trennte sich das Paar nach einem Dreivierteljahr Ehe. Die Beziehungen danach dauerten zwischen einem und drei Jahren. Was passiert nach der ersten Euphorie? Und wie reflektiert er das Ende, um sich weiterzuentwickeln? «In meiner ersten Beziehung, die sogar in der Ehe mündete, wollte ich mich im ersten halben Jahr schon wieder trennen, aber ich konnte nicht, ich habe es einfach nicht über mein Herz gebracht. Eigentlich hätten wir gar nicht heiraten sollen. Es gab dauernd Höhen und Tiefen. Furchtbar, dass man das über sich ergehen lässt. Ich bin froh, wurden wir keines dieser Paare, die mit 40 oder 50 immer noch darauf warten, dass sich alles zum Guten wendet, was sowieso nie eintreffen wird.» Heute ist er viel radikaler als früher und trennt sich lieber, als in dem Wechselspiel von rauf und runter zu verharren. Sobald der 40-Jährige merkt, sie kommen als Paar nicht weiter, spricht er die Probleme an. «Ich fresse nicht alles in mich rein und explodiere irgendwann, sodass die Katastrophe da ist. Das finde ich unfair, weil der andere weder agieren noch reagieren kann. Ich sage, was ich denke, und bringe meine Gefühle zum Ausdruck.» Hilft alles Reden nichts, ist der Schlussstrich die einzige Möglichkeit. Was radikaler klingt, als faktisch passiert. Gerade in seiner letzten Beziehung war er zu Beginn glücklich. Mit der Holländerin Stéphanie van Arendonk, 27, war er von 2011 bis 2014 liiert. Der Musiker und das Model haben sich in einem Restaurant in Saint-Tropez kennengelernt. Auf dem Weg zur Toilette hat es gefunkt. Doch obwohl er so verliebt war wie nie, wurde ihm bald klar: «Ich konnte ihr keine Zukunftsvision geben und sah, das macht sie unglücklich. Mir war der Risikofaktor zu gross, dass sie, wenn wir eine Familie gründen, beim Scheitern der Ehe in ihre Heimat zurückgeht, mit den Kindern wegzieht, weil sie mir wehtun will.» Sein Sohn Sebastian sei in seiner Ehe bis zur Scheidung das Druckmittel gewesen. «Das war kein Zuckerschlecken für mich!», lässt er tief blicken. «Mit Stéphanie sah ich keinen Sinn im nächsten Schritt. Wir waren bei der Routine angelangt. Dafür ist das Leben noch zu lange. Ich wollte ehrlich sein zu ihr und mir. So leid mir das tat. Ich wollte sie in ihren Träumen nicht aufhalten und habe die Beziehung beendet.» Drei, vier Monate lang haben die beiden versucht, die Liebe zu retten. «Ich sage ja nicht: ‹Du, es geht nicht mehr, zieh bitte aus, tschüss.› Man diskutiert und diskutiert, immer das Gleiche ... Wenn daraufhin nichts passiert, treibt mich das noch weiter weg. Ich habe sie gern als Freund, platonisch. Sobald ich merke, die körperliche Anziehung fehlt, kann ich nicht mehr mit der Frau zusammen bleiben. Obwohl das Sexuelle nie im Vordergrund meiner Beziehungen steht, ist es ein Bestandteil, ein sehr wichtiger. Wenn der Teil langweilig ist, zerfällt das Ganze. Es bleibt spannend, wenn ich mich immer wieder um die Frau bemühen muss», sagt er. Ein Ende ist immer mit Schmerz verbunden, ein Abschied tut weh. Der Verlasser ist der Böse. Antoines Grundregel: Respekt! «Es gibt verbal ganz klar ein Limit. Gewisse Wörter nehme ich nie in den Mund. Wenn man sich unter der Gürtellinie bezeichnet, ist das nur entwürdigend. Das Ende soll mit Anstand passieren.» Ein absolutes No-Go seien Leute, die den Ex bei anderen schlechtmachen. Fragen ihn Freunde nach den Gründen, sagt er ehrlich, was ihn gestört hat. Aber öffentliche Schlammschlachten gibt es mit ihm keine.

Einst sagte Antoine in einem Interview, Stéphanie sei die Erste gewesen, der er treu war. Vertrauen erachtet er als «das A und O. Ich versuche, treu zu sein und erwarte das auch von meiner Partnerin. Wenn ich zwei Wochen auf Tour bin oder sie in Saint-Tropez, habe ich keine Ahnung, was sie macht. Umgekehrt genauso. Ich bin mir bewusst, dass ich in 40 Jahren Fehler gemacht habe – und auch nicht alle meine Partnerinnen waren mir treu.» Einen Betrug sieht er noch nicht als Killerkriterium. Stimmt sonst vieles, hat man gemeinsame Kinder, ein Haus, versteht sich gut, dann kann ein Fehltritt nicht alles zerstören, so Antoines Meinung. «Lieber würde ich es nie erfahren, aber ich würde den Schmerz und die Eifersucht zugunsten des gemeinsamen Guten wegstecken. Ich bin überzeugt, dass meine Exfrau mich damals mindestens einmal betrogen hat. Ich hatte einmal eine Unterhose in der Wäsche, die nicht meine war. Das ist scheisse, aber es geht weiter.» Obwohl er sagt, dass er gar nicht heiraten hätte sollen, ist er froh. Das Beste, was ihm passieren konnte, nämlich Sohn Sebastian, entstand. «Seit der Scheidung komme ich mit Sebastians Mutter ganz gut aus. Das Kind verbindet uns ja. Es ist wie eine geschäftliche Basis. Sie kommt zum Geburtstag meiner Mutter, wir feiern den Geburtstag unseres Sohnes zusammen, sprechen uns ab, wenn es um ihn geht», schildert Antoine Konrad. Die Exfrau hat seit einigen Jahren wieder einen neuen Partner.

Während seiner Ehe hat er den finanziellen Aufwand getragen, die Scheidung war durch einen Ehevertrag geregelt. Er sieht sich nicht als Financier seiner Freundinnen, was er klar kommuniziert. Sie sollen arbeiten und ihr Investment leisten, in dem Verhältnis, in dem sie es können. «Ich freue mich über kleine Gesten wie Zugtickets für einen Ausflug, eine Dinner-Einladung oder einen Wochenendtrip. Die absolute finanzielle Abhängigkeit finde ich unsexy!» Im Lieferant für Party-Musik steckt ein Romantiker, der noch an die ewige Liebe glaubt. «Beim Arbeiten bin ich der Tiger. Wenn ich dann daheim bin, kann ich der Teddybär sein.» Gern würde er nochmals heiraten – auch kirchlich. Der gläubige Katholik will darum die erste Ehe annullieren lassen. «Vielleicht ist das mit ein Grund, warum ich noch keine neue Frau habe? Meine Mutter sagt immer: ‹Mach das doch, dann bist du frei.›»

Sebastian möchte er in puncto Beziehung mitgeben, dass es auf Ehrlichkeit, Vertrauen, Verlässlichkeit ankommt. «Liebt mich meine Partnerin auch dann noch, wenn ich meinen Job nicht mehr machen kann? Diese Frage stelle ich mir umso öfter, je erfolgreicher ich werde.» Sein Sohn kennt alle offiziellen Freundinnen und vielleicht eine inoffizielle Geschichte. «Ich stelle ihm sicher niemanden vor, den ich grad am Vorabend kennengelernt habe, sondern dann, wenn es was Fixes ist.»

Begegnungen mit Frauen sieht Antoine Konrad mit cineastischem Blick: «Das Cover einer DVD interessiert dich. Du siehst den Trailer und bist überwältigt. Dann schaust du den Film und denkst dir, war gut, aber leider doch nicht so grossartig, wie du es dir gewünscht hättest.» Das Ende sei jedoch stets der Beginn eines Neuanfangs.

STECKBRIEF

DJ Antoine wurde 1975 als Antoine Konrad in Sissach BL geboren. Mehr als drei Millionen verkaufte Tonträger, u. a. sieben Platin- und vier Doppel-Platin-Auszeichnungen, drei Swiss Music Awards in Folge sowie internationale Engagements etwa in der TV-Castingshow «DSDS» machen ihn zum erfolgreichsten Musik-Export der Schweiz. Mit seinem Plattenlabel Houseworks sorgt er auch für Hits anderer Grössen. Er lebt als Single mit Sohn in der Nähe von Basel.

AUTORIN

Sherin Hafner wuchs in Österreich auf, ist promovierte Juristin und Magistra der Psychologie. Seit 15 Jahren arbeitet sie als Autorin und People-Expertin, um mit Passion und Einfühlungsvermögen über Persönlichkeiten zu schreiben bei «Bunte», «Elle», «Bild», «Süddeutsche Zeitung». Die Wahlzürcherin ist verantwortlich für die Gesamtleitung Text des grössten Fashion- und Celebrity-Magazins der Schweiz, «SI Style», sowie der Titel «Bolero» und «Bolero Men».